本书得到"财政部和农业农村部：国家现代农业产业技术〔……〕号：CARS-35）""民办学校产教融合与校企合作创新机制〔……〕GMG2024087）"资助，特此感谢！

中国生猪期货发展报告

ZHONGGUO SHENGZHU QIHUO FAZHAN BAOGAO

张海峰　谢铿铮　王祖力　主编

中国农业出版社

北　京

作 者 简 介

（一）张海峰

张海峰，博士，湛江科技学院生猪产业研究所所长、国家生猪产业技术体系产业经济研究室副研究员、农业农村部农产品市场分析预警团队猪肉分析师、广东省养猪行业协会专家委员会委员。在日本国立大学法人小樽商科大学取得学士学位，日本国立大学法人带广畜产大学取得硕士和博士学位，中山大学取得应用经济学博士后学历，美国明尼苏达大学（双城）取得畜产卫生学博士后学历后，后就职于中山大学广东决策科学院特聘副研究员一级岗，在学期间获得联合国、联合国大学授予的"优秀学员奖"。2017 年至今承担国家生猪产业技术体系各项相关科研任务。2020 年至今担任湛江科技学院生猪产业研究所所长。

（二）谢铿铮

谢铿铮，毕业于新加坡管理大学，获得应用经济学硕士学位，湛江科技学院生猪产业研究所成员，湛江科技学院经济与金融学院国际经济与贸易系主任，研究方向主要为猪业经济、应用经济等。在多个国内生猪市场权威期刊发表多篇关于生猪期货、生猪市场方面的学术论文。

（三）王祖力

王祖力，博士，农业农村部生猪产业监测预警首席专家、国家生猪产业技术体系产业经济岗位科学家，中国林牧渔业经济学会养猪经济专业委员会副主任委员，中国农业科学院硕士研究生导师。现就职于中国农业科学院农业经济与发展研究所，主要研究方向为畜牧业经济与食物政策。

编 写 人 员 名 单

主　　编　张海峰　谢铿铮　王祖力

参编人员　谢水华　陈哲夫　王　林

主创单位　湛江科技学院生猪产业研究所

支持单位　广东省农业技术推广中心

CONTENTS **目 录**

第一章
中国生猪期货的发展历程

第一节　生猪期货发展概况

生猪期货是指以生猪作为交易标的物的标准化期货合约。期货合约是一种标准化的协议，基于合约的规定在未来某一特定时间和地点交割一定数量的生猪。设立生猪期货的主要目的是为了帮助生产者、加工商、贸易商等市场参与者进行价格风险管理，稳定生产经营预期，同时也为部分投资者提供新的投资品种。生猪期货在中国农产品期货市场中占据着举足轻重的地位，特别是自大连商品交易所（简称大商所）于 2021 年 1 月 8 日正式推出我国首个活体交割的生猪期货品种以来，不仅为生猪产业链相关企业提供了强大的风险管理工具，还极大地促进了生猪产业的转型升级与市场稳定。

一、中国生猪期货推出的背景

中国是全球最大的生猪养殖和消费国，生猪产业在国民经济中占据举足轻重的地位。猪肉不仅是中国居民肉类消费的主要来源，其价格波动也直接影响国计民生和社会稳定。一直以来中国生猪市场价格波动较大，尤其是在非洲猪瘟疫情暴发后，生猪价格产生剧烈波动，对国民经济和居民生活造成了一定影响。因此，稳定生猪市场价格成为政府、企业、养殖户关注的重要内容。

长期以来中国生猪市场主要以现货交易为主，但这一交易模式存在诸多弊端，尤其是在生猪价格风险管理方面。生猪市场价格受到季节变化、疫病、政策调控等多种因素的影响，波动性极大，而养殖户和相关企业缺乏有效的对冲工具，市场信息不透明，价格发现机制也不完善。这些问题都会加剧市场的不稳定性，使得生猪产业链上下游的参与者面临很大的经营风险。

为应对上述挑战，国家在政策层面推动生猪期货的推出，旨在通过金融市场的价格发现功能和风险对冲功能，稳定生猪价格，保障生猪产业链的健康平稳运行。中国证监会与大连商品交易所经过多年的研究与筹备，最终在 2021 年 1 月 8 日正式推出了生猪期货。这一举措不仅是对国内生猪产业的有力支持，也是中国农产品期货市场的重要扩展，标志着生猪产业链发展进入新篇章。

在生猪期货的推出过程中，中国借鉴了国际成熟市场的经验，如美国的生猪期货市场，结合国内生猪产业的实际情况，设计出了适合中国市场和国情的生猪期货合约。生猪期货的推出，不仅为产业链上下游企业提供了风险管理工具，也为投资者开辟了新的投资渠道。通过期货市场的有效运作，生猪价格的波动性有望得到有效缓解，进而促进生猪产业的长期稳定发展。

二、生猪期货的交易场所与合约设计

2021 年 1 月 8 日，生猪期货在大连商品交易所上市交易，这是中国期货市场的重要组成部分，也是中国首个活体交割的期货品种，标志着中国农产品期货市场的进一步扩展。

大连商品交易所成熟的交易系统和严格的风险管理机制为生猪产业链上的养殖企业、加工企业、贸易商及投资者提供了一个公开、透明、高效的风险管理平台。大连商品交易所作为全球知名的商品期货交易所之一，其生猪期货的推出进一步巩固了其在农产品期货领域的领先地位。

生猪期货自上市以来，市场运行总体平稳，交易量和持仓量稳步增长。生猪期货为市场参与者提供了有效的价格发现和风险管理工具，保障了生猪产业链的稳定性和可持续发展，也为其他新农产品期货的开发和推广提供了宝贵的经验和借鉴。

生猪期货的合约设计充分考虑了我国生猪产业的实际情况和市场需求，具体特点如下：

1. 合约规格

交易单位：16 t/手，约合130头生猪，便于大型养殖企业进行套期保值操作。

报价单位：元（人民币）/t，与国际市场接轨，便于跨境交易与对比分析。

最小变动价位：5元/t，确保了市场的活跃度和价格发现的精确度。

涨跌停板幅度：上一交易日结算价的4%（交割月份为6%），有效控制了市场风险。

合约月份：1月、3月、5月、7月、9月、11月，覆盖了生猪养殖的主要周期，便于企业根据生产经营计划进行灵活操作。

2. 交割方式

生猪期货采用实物交割方式，支持"期转现"、一次性交割、每日选择交割等多种灵活方式。具体交割地点为大连商品交易所指定的生猪交割仓库和车板交割场所，确保了交割的便捷性和规范性。

三、生猪期货的功能与作用

生猪期货作为风险管理工具，其核心功能主要体现在价格发现与风险管理两大方面：

1. 价格发现功能

生猪期货市场通过集合竞价形成价格，能够及时反映市场对未来生猪供求关系的预期。随着市场参与者的不断增加和交易量的扩大，生猪期货的价格发现功能将更加显著，为市场参与者提供重要的参考依据。

2. 风险管理功能

生猪期货为生猪产业链上的企业提供了多样化的风险管理手段。养殖企业可以通过卖出套期保值锁定销售价格，规避价格下跌风险；加工企业则可以通过买入套期保值锁定原料成本，降低生产成本波动风险。此外，"保险＋期货"模式的推出进一步拓宽了中小养殖户的风险管理渠道，有效保障了他们的生产收益。

四、生猪期货对中国生猪产业的影响

生猪期货的推出对中国生猪产业产生了深远的影响，尤其在稳定市场价格、提升产业链各环节的风险管理能力，以及推动整个行业的现代化和规范化方面起到了关键作用。

1. 稳定市场价格与风险管理

中国生猪市场长期以来价格波动较大，尤其是在非洲猪瘟等重大事件影响下，生猪价格的剧烈波动给养殖户、屠宰企业乃至整个产业链参与者带来了巨大风险。通过其价格发现和套期保值功能，生猪期货帮助市场参与者锁定未来价格，有效对冲了市场波动的风险。尤其是对于规模化养殖企业，生猪期货提供了一个稳定的预期价格，在一定程度上减轻了市场价格剧烈波动对生产经营带来的负面影响。

2. 提升市场透明度与加强信息流动

在中国生猪市场，长期存在信息不对称情况，导致市场价格的形成机制不够透明。生猪期货的推出，通过期货市场公开透明的价格信息，提升了市场透明度，加强了信息流动。使市场参与各方能够更准确地预测未来价格走势，也有助于政策制定者及时掌握市场动态，做出更加科学合理的调控决策。

3. 促进产业链规范化与现代化

中国生猪产业的规模化和现代化程度相对较低，部分中小养殖户缺乏现代风险管理意识和工具。生猪期货的推出有利于推动养殖户和相关企业更加关注市场化的风险管理手段，促进生猪养殖的规模化和标准化发展。同时，期货市场的运作要求和合约的严格标准，迫使产业链各环节逐步向规范化方向转型，也推动了整个行业的现代化发展进程。

4. 国家政策支持与产业发展

生猪期货的推出也体现了国家在农业领域的政策支持。通过期货市场，国家能够更有效地引导和调控生猪市场，避免由于价格波动引发的市场恐慌，保障生猪产业的健康发展。此外，生猪期货作为一种金融工具，也在一定程度上为生猪产业带来了新的资本投入和资源配置的优化，进一步推动产业的升级与转型。

第二节　生猪期货上市的必然性

生猪期货于 2021 年 1 月 8 日在大连商品交易所挂牌上市，作为中国第一个活体畜牧期货品种，对其的研发共经历了 20 年历程。生猪期货的推出恰逢其时，不仅丰富了相关企业的风险管理工具库，而且依托生猪期货衍生出的"期现模式"，使企业生产经营得到了多重保障。生猪期货合约具有价格发现和规避风险的功能，对我国生猪产业起到积极的发展与促进作用。

要了解生猪期货的发展之路，首先我们要弄清楚生猪期货存在的必然性和重要性。生猪行业一直以来都面临一大难题就是"猪周期"，这个问题不仅仅是养殖户、生产企业以及整个生猪产业链的事情，更是随着市场经济下的大批资金涌入生猪产业从而上升为国家必须面对的重要问题。这个问题解决得不好，实体经济、"三农"发展和生猪相关产业链群体的利益都会受到影响。造成生猪现货市场"猪周期"魔咒的原因是市场长期以来在对供求关系和价格走势方面没有一套全国性的权威预警机制，同时对存在的潜在风险即使能预见也没有很好的风险对冲工具。而要解决这些问题，就需要发展我国的生猪期货。因为生猪期货合约具有的价格发现和规避风险功能，能够帮助生猪生产者通过期货盘面及时了解生猪市场的价格走势，从而合理地调整养殖规模和饲养周期，降低生产经营的盲目性，实现收益稳定乃至增收稳定；生猪期货市场形成的未来价格序列，也能够反映市场主体对未来供求关系和价格走势的预期。期货市场的信息更新快、价格反应灵敏的特点能够提高市场定价以及实体企业运行的效率。

第三节　中国特色生猪期货的探索与发展

我国生猪期货的产生并非一蹴而就，而是历经了二十年的漫长探索与不懈努力。从 2001 年大连商品交易所正式启动生猪期货的研究工作起，至 2021 年 1 月 8 日正式挂牌上市，这段历程充满了挑战与艰辛，凝聚了几代人的智慧与汗水。

一、早期探索与挑战

在生猪期货研发的初期，大商所面临着诸多未知与挑战。从标的物的选择到交割方式的设计，每一步都需谨慎考量。在 2001—2012 年的十多年间，大商所执行"全面铺开，广泛探索"的方针，对生猪期货的标的物进行了多次调整。起初，研发团队考虑过以猪酮体作为标的物，但考虑到现货市场的实际情况和交割的便捷性，随后转向了活猪和仔猪。然而，这些尝试都未能完全满足市场需求，因此标的物再次回到猪酮体，进而探索分割冷冻猪肉作为标的物的可能性。最终，经过反复论证，决定以活猪作为最终的标的物，因为这更符合我国生猪产业的实际情况。

与此同时，交割方式的选择也是研发过程中遇到的一大难题。实物交割与现金交割各有利弊，需要综合考虑市场接受度、交割成本、监管难度等多方面因素。在这一阶段，大商所不断对实物交割和现金交割的可行性进行评估，以确保期货合约的设计既符合市场需求，又便于实际操作。

二、中期调整与深化

进入 2012 年之后，大商所对生猪期货的研发工作进入了一个新的阶段。随着我国生猪产业的快速发展和规模化养殖的推进，大商所开始针对多层次市场开展中远期交易问题的深入研究。这一阶段，研发团队不仅关注期货合约本身的设计，还开始探索如何通过生猪期货促进生猪产业的转型升级和风险管理。

在此期间，大商所积极借鉴国际先进经验，特别是美国生猪期货市场的成功模式。美国生猪期货从活猪期货逐步过渡到瘦猪肉期货，并实现了现金结算，为产业带来了显著的效益。大商所希望借鉴这一模式，通过生猪期货推动我国生猪产业向专业化、现代化方向发展。然而，考虑到我国生猪产业的特殊性和复杂性，大商所并未简单复制美国模式，而是结合国情进行了创新性调整。

三、后期突破与上市

经过近二十年的不断探索与调整，大商所终于在 2021 年迎来了生猪期货上市的历史时刻。这一年，我国生猪产业正处于非洲猪瘟疫情后的恢复期，市场对于风险管理工具的需求迫切。生猪期货的推出不仅为产业链上的养殖企业、加工企业、贸易商等提供了有效的风险管理手段，还为我国期货市场的发展注入了新的活力。

在上市前夕，大商所对生猪期货合约进行了最终的优化和完善。交易单位、报价单位、涨跌停板幅度、交割方式等关键条款均经过反复论证和测试，以确保期货市场的稳定运行和功能的充分发挥。同时，大商所还加强了市场宣传与培训工作，提高市场参与者对生猪期货的认知度和参与度。

生猪期货的成功上市标志着我国生猪产业进入了一个新的发展阶段。未来，随着市场的不断成熟和完善，生猪期货将在稳定市场价格、促进产业升级、提高市场透明度等方面发挥更加重要的作用。同时，大商所也将继续深化对生猪期货市场的研究和监管工作，确保市场的健康稳定发展。

第四节　生猪期货标准化合约的形成与上市之路

随着我国农业经济的蓬勃发展，生猪养殖业逐步迈向规模化与标准化。大中型生猪养殖企业的市场占比显著增加，这不仅促进了贸易活动的日益频繁与流通渠道的高效畅通，还极大提升了生猪品种的标准化程度。这一系列积极变化为生猪市场的稳定运行奠定了坚实基础，但同时也使得生猪价格受现货市场供求关系的影响更为显著，价格波动幅度明显增大。在此背景下，生猪期货的推出显得尤为迫切，其上市条件逐渐趋于成熟。

为了积极响应市场需求并推动生猪期货市场的规范发展，大连商品交易所与农业部紧密合作，于 2017 年联合发布了白条猪肉价格指数。这一举措不仅为生猪期货的上市提供了强有力的技术支持与数据参考，还显著增强了市场参与者对未来价格走势的预测能力。基于此，大商所对生猪期货合约进行了多轮精心设计与优化调整，力求在交割标的物、涨跌停板幅度、保证金比例、合约交割月份、交易单位及交易手续费等关键要素上实现标准化与规范化。

在合约设计上，大商所充分考虑了我国生猪养殖业的实际情况，特别是针对规模较小的养猪场、活猪贸易商及中小投资者的参与需求，制定了科学合理的参与门槛与交易规则。通过这一系列举措，生猪期货合约初步具备了公开、公平、公正的交易基础，为生猪期货市场的稳健运行奠定了良好的制度框架。

随着生猪期货标准化合约的逐步形成，我国生猪市场将迎来更加透明、高效的价格发现与风险管理机制。这不仅有助于生猪养殖企业更好地应对市场价格波动，实现稳定经营与可持续发展，还将进一步推动我国生猪产业链的转型升级与国际化发展。

自 2018 年证监会正式批复大连商品交易所生猪期货上市的立项申请以来，生猪期货的推出便成了业内瞩目的焦点。生猪期货的上市之路并非一帆风顺，历经多年的筹备、挑战与最终的成功，是一个充满复杂性与挑战性的过程，也体现了农产品期货市场上的创新与探索。

在紧锣密鼓的筹备过程中，大商所不仅派遣工作组深入全国各地进行广泛调研，还根据市场反馈不断优化交易规则，力求为投资者提供更加便捷、高效的交易体验。然而，突如其来的非洲猪瘟疫情给生猪养殖业带来了前所未有的冲击，导致大量中小型养殖户被迫退出市场，而大型养殖企业则凭借其更强的生物防控能力与资金实力，在逆境中迅速崛起并占据市场主导地位。

面对这一重大变化，大商所不得不紧急调整生猪期货合约的交易对象与规则，以更好地适应市场需求。经过多轮修订与完善，生猪期货合约的交易单位由最初的 18 t/手调整为 16 t/手，保证金比例与交易手续费也相应上调，这些举措虽然在一定程度上提高了投资者的入市门槛，但也为市场的稳定运行提供了更有力的保障。

终于，在克服了重重困难与挑战之后，大连商品交易所在标准化养殖、活体交割、风险管理等方面的研究取得了突破，最终设计出适合中国国情的生猪期货合约。在最终的准备阶段，监管机构加强了对生猪期货的风险控制措施，制定了详细的市场监管规则，并对市场参与者进行了广泛的宣传和培训，确保市场能够平稳运行。2021 年 1 月 8 日，生猪期货在大连商品交易所成功挂牌上市。这一历史性的时刻不仅标志着中国在农产品期货市场上取得了重要的突破，也填补了生猪产业风险管理工具的空白，推动我国生猪市场风险管理水平的显著提升，为生猪养殖企业提供了全新的发展机遇与避险渠道。

生猪期货的上市之路，是一个从初期筹备到遭遇挑战再到最终突破的过程。不仅展现了中国相关从业者在农产品期货市场上的创新与探索，也体现了国家在提升农产品市场稳定性、保障民生方面的决心。生猪期货的成功推出，为中国其他农产品期货的开发与推广提供了宝贵的借鉴经验，也将进一步提升中国期货市场在全球农产品市场中的竞争力和影响力。

第五节　生猪期货市场的辉煌启航与发展趋势

自 2021 年 1 月 8 日正式上市以来，生猪期货市场以其独特的魅力与活力吸引了众多投资者的关注与参与。经过一年的稳健运行与发展壮大，生猪期货市场已经取得了令人瞩目的成绩。

统计数据显示，截至生猪期货上市一年后的 2022 年 1 月 7 日，生猪期货累计成交量已突破 616.69 万手大关，成交额更是高达 1.74 万亿元之巨。与此同时，市场日均持仓量也稳定在 6.08 万手左右的高位水平。这一系列亮眼的数据不仅彰显了生猪期货市场的蓬勃生机与活力四射更预示着其广阔的发展前景与巨大的市场潜力。

在这一年里，共有超过 2 600 家单位客户积极参与了生猪期货的交易与交割活动，其中不乏众多知名养殖企业的身影。这些企业通过利用生猪期货进行套期保值操作有效规避了市场价格波动带来的风险，保障了企业的稳健运营与可持续发展。此外 LH2109 和 LH2111 两个主力合约的顺利交割也标志着生猪期货市场的全业务流程已经成功实现闭环，相关规则制度及流程设计也得到了市场的全面检验与认可。

展望未来生猪期货市场将继续发挥其独特的价格发现与风险管理功能，为生猪养殖企业提供更加精准、高效的避险工具与决策支持。同时随着市场的不断成熟与完善，生猪期货也将逐步拓展其服务范围与影响力为推动我国生猪产业的转型升级与国际化发展贡献更大的力量。我们有理由相信在不久的将来生猪期货市场必将迎来更加辉煌的明天。

第二章
生猪期货对我国生猪产业链的影响

第一节　生猪期货上市对生猪产业链的战略意义

中国生猪期货的上市开启了生猪产业链的现代化进程，为各环节带来了直接的市场赋能，极大地推动了产业链上下游的协同和专业化发展。首先，生猪期货市场的价格发现功能为养殖户和屠宰企业提供了公开、透明的市场价格信号，使养殖户能够根据市场预期灵活调整养殖和出栏计划，避免在价格低迷期过度出栏或在高价期错失收益。对于屠宰企业而言，期货价格为其采购决策提供了可靠参考，有效降低了原材料成本的不确定性，从而实现更为精确的成本控制。这一机制优化了资源配置，提升了各环节的生产效率和收益稳定性。

其次，生猪期货对养殖过程中的标准化和质量提升起到了强有力的推动作用。为满足期货交割标准，养殖企业逐渐采用更规范的生产流程和更先进的养殖技术，从而提升了生猪的健康水平和产品质量。随着市场对合格生猪需求的增加，生猪产品的质量水平得到整体提升。期货市场的交割标准和质量要求还激励了企业在疫病防控、养殖环境和饲料管理等方面进行改进。这一过程不仅使产业更加标准化，还为生猪产品的质量保障和市场认可度奠定了基础。

此外，生猪期货的上市推动了国内生猪产业链的现代化与国际化进程，为企业参与全球市场竞争提供了新的工具。通过期货市场，国内企业可以更好地应对国际市场的价格波动，采用期货对冲风险的方式保护自身利益。这不仅增强了中国生猪产业在全球农产品市场中的竞争力，也有助于提升我国在国际生猪市场中的价格话语权。期货市场提供的资本流动性吸引了更多投资，推动产业链上的金融服务、保险产品、风险对冲工具等多层次服务的发展，进一步增强了产业链的抗风险能力和适应性。

从战略意义上看，生猪期货的推出为整个产业链提供了稳定、透明、具有前瞻性的风险管理平台，促进了生猪养殖、屠宰、销售等环节的深度协同。通过市场化的价格信号和标准化要求，生猪期货市场不仅保障了各环节的收益稳定，还为产业的持续创新和优化奠定了良好基础，为中国生猪产业的长期健康和可持续发展注入了强劲动力。

第二节　生猪期货的全球视野与国内发展方向

生猪期货并非中国首创，其历史可追溯至 1961 年美国芝加哥商业交易所推出的冷冻猪腩期货。经过六十年的发展与创新，美国生猪期货市场已相当成熟，标的物从冷冻猪腩演变为瘦肉猪胴体，交割方式也由实物交割转变为现金结算，成功帮助大量农场主规避了市场价格波动带来的风险，稳定了生猪产业发展，成为全球交易最为活跃的畜牧期货品种之一。

相比之下，中国生猪期货的发展历程同样曲折而充满挑战。自2001年大连商品交易所启动研究工作以来，历经20年艰辛探索，标的物经历了从猪胴体到活猪、仔猪，再回到活猪、分割冷冻猪肉的多次调整，最终于2021年1月8日正式挂牌上市。中国生猪期货以其独特的发展特点脱颖而出：一是发展速度迅猛，上市短短一年内便取得了显著的市场活跃度与交易量；二是覆盖范围广，涉及生猪养殖、饲料加工、兽药疫苗、肉类屠宰、冷链物流等多个上下游行业；三是影响深远，促进了从种植到养殖、从贸易到加工的完整产业链风险管理闭环，加速了行业洗牌与产业结构优化。

第三节　生猪期货对生猪产业"量"与"质"的双重提升

生猪期货的上市对生猪产业的"量"与"质"均产生了显著影响。在"量"的方面，生猪期货的推出有效缓解了养殖户对产能扩张后价格下跌的担忧，促进了生猪供应的恢复。通过期货工具的风险对冲功能，养殖户能够稳定经营生产，进一步释放产能，从而逐步弥补非洲猪瘟疫情带来的供应缺口。随着供应量的逐步提升，上游的饲料与兽药以及下游的屠宰与食品等行业也相继受益，形成了良性循环。在"质"的方面，生猪期货的价格发现功能弥补了市场缺乏统一公允价格的不足。全产业链上的企业能够依据期货价格信号合理安排生产经营计划，进行更加理性的贸易往来，从而熨平长周期视角下的猪周期波动与短周期视角下的季节性价格波动。此外，生猪期货还促使企业健全期货品系，优化利润管理。例如，养殖企业可通过豆粕、玉米与生猪等期货合约组合有效控制养殖成本与市场风险，进而推动企业的创新研发与内部经营管理，提升行业整体竞争力。

第四节　生猪期货对上游饲料行业的重塑

自 2018 年非洲猪瘟爆发以来，我国生猪养殖整个产业链发生了剧烈动荡，其中处于产业链上游的饲料行业所受波及尤为明显。在原材料价格上涨、市场需求下降、银行贷款逐渐收紧的多重不利因素下，销售渠道较为单一的中小型饲料企业资金缺口不断扩大，经营压力不断增加。而大型企业虽然资金雄厚但是也深受利润下滑与行情不明朗的困扰，即使能对市场发展趋势做出初步研判，也缺乏高效的企业风险管理模式。而生猪期货则为饲料企业探索更高效、更具创新性的企业风险管理模式提供了手段。生猪期货上市以来，以辽宁爱普罗斯饲料有限公司（简称爱普罗斯公司）为代表的不少饲料企业已活跃参与其中，对生猪期货为上游行业所应用探明前路。爱普罗斯公司旗下饲料企业主要供东北、华北地区的中小型养殖户使用。由于南方大型饲料养殖集团的北上建场，进一步挤压了当地饲料行业的生存空间，爱普罗斯公司通过以饲料经营带来的收益及自有资金为养殖户提供保底猪价，为养殖户提供"生猪保价"模式，以换取饲料市场份额，但这无疑使企业面临较大的价格风险。而生猪期货的上市为爱普罗斯公司"生猪保价"模式提供了重要的避险工具。2021 年年初，爱普罗斯公司通过深入调研，预判春节后生猪价格将会面临下跌的风险，于是爱普罗斯公司在期货市场进行卖出套保操作。果然，随着生猪存栏的恢复，猪价一路下跌，从 1 月的 36.7 元/kg 一路下滑到了五月的 21.6 元/kg，此时期货的盈利已经可以完全覆盖公司承诺养殖户的最大赔付额度，遂在 5 月中旬至下旬陆续平仓。最后爱普罗斯公司在期货市场卖出套保收益合计 1 600 万元，超过了与养殖户承诺的赔付上限 400 万元。作为东北地区的一家中型饲料企业，爱普罗斯公司的资金和人才其实并不占优，但其"生猪保价＋卖出套保"模式的成功运行，不仅为中小饲料养殖企业运用期货等金融工具化解价格风险开拓了道路，也为更多中小企业在利用期货市场助力农民增收、间接服务"三农"提供了新思路。企业的综合经营能力也夯实了在产业内的核心竞争力，利于自身健康良性的发展。

第五节　生猪期货对养殖企业风险管理能力的提升

对于养殖企业来说，我国生猪养殖产业长期以散养为主，近似于完全竞争的市场结构，养殖户严重依赖上一年度的生猪价格来决定本年度的养殖规模，缺乏对市场综合判断的能力。而散养户通常根据市场价格"快进快出"，导致猪价变化带来的生猪产量波动幅度大于需求的波动幅度，从而造成供需错位，这也是形成"猪周期"的主要原因。早在非洲猪瘟疫情之前，我国就开始以环保政策等方式规范散养户，增加的环保设备导致小型散养户不得不提高投入从而向中型养殖场转变，通过"公司＋农户"模式集中中小型养殖户，合理调整养殖规模。然而非洲猪瘟疫情的突然暴发加速了这个过程，生猪规模化养殖已成为行业未来发展的趋势。随着生猪期货的上市，养殖企业运用期货这一工具进行风险管理将不再是难事。在熊市年份，养殖企业通过在期货市场进行卖出套期保值，从而对冲现货市场的"多头头寸"，便可以规避价格下跌带来的风险。2021 年 5 月，大地期货有限公司在河南漯河郾城区人民政府的支持下，联合太平洋财产保险股份有限公司漯河中心支公司推出了生猪收益指数"保险＋期货"项目，对当地 12 户中等规模的养殖场户约 7 000 头育肥猪投保。其中，郾城区政府从生猪调出大县奖励资金中安排三成的保费补贴，养殖户自付约三成，大地期货有限公司支付余下的近四成。最终猪价下跌，农户获得了赔付。该项目的实施让保险公司找到了服务"三农"新的切入点，也发现了更大的市场。同时，该项目也让期货公司走进生猪产业链下游，为其创新多元化的业务模式提供了更多可能，培育了更多产业客户，同时也增强了各类养殖主体的风险管理意识。

第六节　生猪期货市场的深化发展与前景展望

自 2021 年 1 月生猪期货上市以来其规则制度与流程设计得到了市场的全面检验并取得了显著成效。未来，中国生猪期货市场有望进一步深化改革和发展，为产业链各方提供更加完善的风险管理工具和定价机制。随着生猪产业的规模化、标准化进程不断深入，期货市场的参与度和影响力将逐渐扩大。养殖企业、加工企业以及金融机构将更加广泛地利用期货市场进行套期保值和风险对冲，增强产业链的稳定性和抗风险能力。此外，随着市场的逐步成熟，生猪期货的合约设计、交易制度以及交割方式也将不断优化，进一步提高市场的运行效率和透明度。

　　从发展层面看，生猪期货市场将继续推动生猪产业的现代化进程，为其他农产品期货的开发提供借鉴。随着中国生猪期货市场与国际市场的接轨，生猪期货有望成为全球定价的参考指标之一，提升中国在全球生猪市场中的话语权。通过金融创新和各种政策支持，生猪期货市场的健康发展将不仅服务于国内的生猪产业，还将为中国农业的整体升级和全球农产品市场的稳定作出贡献。

第三章

生猪期货市场的运作机制

第一节　生猪期货与现货市场的关系

由于"期货"不是货物，而是指以某种大宗商品为标的物的可交易标准化合约，在期货市场上进行买卖的正是这张标准化的合约。期货有时候看起来很复杂，其实不然。对于企业来说，真正要做的其实就是今天定价，然后在未来某个约定的日子交货。

期货合约是买卖双方同意在指定的一段时间之后，按特定价格交付与接收某种资产的协议。双方同意在合约到期日交易时使用的价格称为期货价格，双方交换的资产称为"标的"，生猪期货就是标的物为生猪的期货合约。买卖期货其实可以看作是签订远期购销合约，但和远期购销合约不同的是，远期购销合约的条款是买卖双方一起签订，而期货合约上的条款已经由交易所在上市之前谨慎制定妥当，上市之后不会轻易改变。

由于标准化程度高，交易者可以便捷地买卖，所以期货合约的流动性较强。流动性较强的特点让期货合约很好地发挥了价格发现作用。有时候企业会觉得期货价格影响了现货市场价格，因为期货市场集合了众多专业的买卖双方，这样所形成的期货价格能够比较准确地反映真实的供求状况及价格变动趋势。期货合约的定价其实很简单，举个例子，假如企业在 2019 年 12 月需要 100 头猪来加工生产，但你担心未来采购时猪价会上涨，消除这个风险的做法就是，今天你买了这批猪一直放到 12 月，这就是"付现持有到期交收"的定价模型，也正是这种做法推动了期货价格变化。然而，现实情况下企业不可能将现货放这么久，这需要额外增加一系列的成本（生猪养殖成本等），若和养殖企业合作还需要花费成本去寻找卖家并要拟条款签合同，无疑会导致许多企业需要直面价格波动风险。在期货市场上进行买入则不需要这么多烦琐的步骤，给付一定的保证金后就能锁定未来的价格。

期货市场往往反应更迅速，由于期货市场流动性较强，对现货市场形成了引领作用，人们就可以利用期货市场的信息对未来价格的走势做出判断。那么实体企业可以从期货市场获得什么？实体企业可以利用期货市场降低他们的风险。以规模化养殖场为例，无论是经营养殖还是控制养殖风险，他们都非常擅长，因为这是企业的核心业务，但还有一些风险是不管企业业务能力多强都无法控制的，例如进出口政策和市场需求。面对这些不可控的风险，企业要么只能付之一叹，要么利用期货合约锁定价格来降低损失。实际上，对冲风险大多时候只需要一个简单的滚动式"套期保值"模式。无论其他公司需要承受多么低的售价，做了套期保值的企业也能卖出固定的价格，因为他们提早锁定了价格。而相对应的，无论其他公司卖出多高的售价，做了套期保值的企业也只能卖出固定的价格。

期货市场有助于削弱重大事件对企业的影响，但不是说可以消除危机。市场危机总会发生，可能由于一些偶然的事件聚集引起，比如非洲猪瘟疫情。在这种情况下，企业除了自保做不了什么能对市场产生影响的事情，但监管者应该规划如何降低这些危机给市场造成的影响，其中期货或者场外衍生品就是不错的选择。对比一下养殖企业和加工企业，养殖企业必须把钱都花在购买饲料、育种或购买猪仔和销售生猪上，在这个过程中有水电、人力方面的借贷成本，可能所有的钱都是预付的，需要等6到8个月把生猪卖掉之后才能拿到钱。同样，猪肉加工企业也需要签合约，比如和超市签订供货合约，他也不得不担心在交货之后是否能赚到合理的利润。既然如此，养殖企业到了买猪仔的时候，为什么不能和加工企业合作，保证8个月之后以特定的价格出售？这样养殖企业不仅能覆盖成本，还能方便制定预算，加工企业也能根据这个价格制定其产品的价格。这就是期货可以降低市场波动的原因。因为可以降低风险减少价格波动，有助于降低生产商和制造商之间的不确定性，给消费者一个稳定的价格，从而稳定物价。

期货套期保值是指把期货市场当作转移价格风险的场所，让不愿意承受较大风险的人将风险转移给愿意承受部分风险的人，提前锁定未来生猪的价格。生猪养殖户作为商品猪的供应者，为了保证未来即将出栏的商品猪向市场销售时能够获得合理的利润，防止正式出售时因价格下跌而遭受损失，可采用卖期保值的交易方式来减少价格下跌的风险。

从生猪养殖企业的盈利角度出发，生猪养殖企业如何利用期货"套期保值"来实现对生猪价格风险的规避，如何更好地制定成功的套期保值策略，是生猪养殖企业最关心的问题之一。

第二节　生猪期货的套期保值策略与实践

1. 卖出套期保值策略（针对养殖企业）

卖出套期保值，是养殖企业常用的一种风险管理策略，旨在规避未来市场价格下跌带来的潜在损失。具体而言，养殖企业作为生猪的供应方，担心未来市场价格下滑会影响其销售利润，因此会在期货市场上提前卖出与预期销售量相等的期货合约。这一行为的核心在于，通过期货市场的操作将未来现货市场的销售价格提前锁定，以确保在合约交割时能够获得稳定的收益。

在实际操作中，养殖企业会谨慎选择卖出的期货合约，确保其数量与未来需要卖出的现货数量相匹配，同时交割日期也尽可能相近。这样一来，当企业需要卖出现货时，就拥有了更多的选择权。企业可以选择直接进行实物交割，按照期货合约的价格将生猪交付给买方；也可以在现货市场上卖出生猪的同时，将之前卖出的期货合约进行对冲平仓，从而实现在现货市场上的销售保值。无论哪种方式，卖出套期保值策略都为养殖企业提供了有效的价格保护，使其能够在市场波动中保持稳定的销售收益。

2. 买入套期保值策略（针对加工企业）

买入套期保值，则是加工企业为了应对原材料价格上涨风险而采取的一种策略。对于以生猪为原材料的加工企业来说，原材料成本的稳定是维持生产计划和利润水平的关键。因此，当加工企业担心未来生猪价格上涨时，会选择在期货市场上提前买入与预期需求量相等的期货合约。

通过买入期货合约，加工企业能够提前锁定原材料成本，从而避免市场价格波动对生产成本的影响。在实际操作中，企业会确保所买的期货合约数量与未来需要买入的现货数量相匹配，交割日期也尽可能相近。这样，当企业需要买入现货时，就可以选择直接进行实物交割，按照期货合约的价格获取生猪；或者也可以在现货市场上买入生猪的同时，将之前买入的期货合约进行对冲平仓。无论选择哪种方式，买入套期保值策略都为加工企业提供了有效的成本保护，使其能够在市场波动中保持稳定的生产成本和利润水平。

第三节　生猪养殖企业运用期货市场规避价格波动风险

对于生猪养殖企业，卖出套期保值能够锁定利润，规避未来生猪价格下跌的风险。目前大连商品交易所生猪期货合约草案规定交易单位为 18 t/手，按照交割标准（交割均重 115 kg/头）来算大约是 160 头猪。假设目前市场上已经有了生猪期货，养殖企业可以运用期货卖出套期保值，那么养殖企业该如何做呢？下面来举个例子。

3 月生猪价格为 12.51 元/kg，即 12 510 元/t，期货价格为 12 800元/t。养猪企业 A 预计 2 个月后的 5 月出栏生猪 1 600 头（约 180 t）。该养猪企业担心由于猪肉短期消费量减少和猪肉进口的增加会导致 5 月生猪价格下跌，所以决定在期货市场卖出合约来为其 5 月出栏的 1 600 头生猪保值，于是 3 月在期货市场以 12 800元/t 的价格卖出生猪期货合约 10 手（1 手 18 t，共约 1 600 头）。

假如 5 月 9 日生猪价格果然下跌，跌至 11 500 元/t，期货价格为 11 700 元/t。此时养猪企业 A 这批猪出栏了，需要卖掉，由于市场价格下跌只能以 11 500 元/t，也就是 11.5 元/kg 的价格卖猪。在卖猪的同时养猪企业 A 将其在期货市场买入 10 手合约以 11 700 元/t 的价格平仓，完成套期保值。表 3-1 显示养猪企业 A 的具体盈亏情况。在生猪价格下滑的行情下，企业 A 如果不借助生猪期货市场，价格下滑将对其盈利的影响为亏损 181 800 元。如果企业 A 能够正确地预测生猪价格的下滑趋势，通过生猪期货市场进行卖出套期保值，企业 A 可以从期货市场获取 198 000 元的套期保值利润，价格下滑对其盈利的影响变成了盈利 16 200 元。

表 3-1　养猪企业 A 的套期保值效果（价格下跌的情况）

	现货市场	期货市场
3 月 1 日	12 510 元/t	卖出合约 10 手 180 t，12 800 元/t
5 月 9 日	卖出 180 t（1 600 头）生猪，市场价格 11 500 元/t	买入 10 手平仓 11 700 元/t
盈亏变化	$180 \times (11\,500 - 12\,510) = -181\,800$ 元	$180 \times (12\,800 - 11\,700) = 198\,000$

注：不考虑手续费等交易成本。

另一方面，套期保值亦有风险。如果生猪生产企业不能正确把握未来市场价格变化趋势，卖出套期保值也会给企业带来一定的损失。上述例子中，如果 5 月 9 日的生猪市场价格没有下跌，反而有一定的上涨，这种情况下如果养猪企业 A 实施了套期保值就会给企业带来损失。

上述例子里，如果 5 月 9 日的生猪价格上升到 12 850 元/t，期货价格为 13 100 元/t，那么在市场价格上涨的情况下，养猪企业 A

在 3 月 1 日做了卖出套期保值，企业将会蒙受损失。在价格上涨行情下，现货市场价格由 12 510 元/t 上升至 12 850 元/t 为养猪企业 A 带来 61 200 元的利润增长。但是因为其错误的判断，企业 A 在 3 月 1 日的期货市场卖出生猪期货合约 10 手，价格为 12 800 元/t。之后生猪价格走高，养猪企业 A 在 5 月 9 日以 13 100 元/t 的价格买入 10 手平仓。生猪期货市场共造成亏损 54 000 元。如表 3 - 2 所示。

表 3 - 2　养猪企业 A 的套期保值效果（价格上涨的情况）

	现货市场	期货市场
3 月 1 日	12 510 元/t	卖出 5 月合约 10 手 180 t，12 800 元/t
5 月 9 日	卖出 180 t（1 600 头）生猪，市场价格 12 850 元/t	买入 5 月合约 10 手平仓 13 100 元/t
盈亏变化	180×（12 850－12 510）=61 200 元	180×（12 800－13 100）=－54 000

注：不考虑手续费等交易成本。

　　这是否就是一个失败的案例呢？其实不是。套期保值的本质是对冲，目标是锁定销售利润。由于期货和现货市场价格走势基本一致，一个市场盈利则另外一个市场亏损，盈亏相抵后交易者的收益就会稳定在预期水平。套期保值的效果要综合期货和现货两个市场来考察，在这个案例中现货市场多赚的 61 200 元完全可以覆盖期货市场亏损的 54 000 元。虽然失去了获取现货市场价格有利变动的盈利，但同时也避免了现货市场价格不利变动带来的损失。因此可以说，买入套期保值规避了现货市场价格变动的风险。套期保值要的是避险的结果，而不是盈利的过程。套期保值并不是必须交割，应根据市场形势变化选择进行平仓、移仓或交割等套期保值交易头寸退出方式。如果行情走势对企业不利，作为养殖企业也可以不选择平仓，持有期货头寸至交割月进行实物交割，等同于现货贸易，就能减轻期货端的亏损。前提条件是企业出栏的生猪必须符合大连商品交易所规定的交割标准，不符合交割标准的生猪也是无法进行实物交割的。

第四节　猪肉加工企业利用生猪期货规避生猪价格上涨风险

对于生猪加工企业，则需要利用套期保值来锁定原料成本，规避未来生猪价格暴涨的风险。假设 3 月 1 日，猪肉加工企业 B 已签订销售合同，预计 11 月需要 180t 猪作为原料。3 月 1 日生猪的现货价为 12.51 元/kg，即 12 510 元/t，该企业对该价格比较满意。据预测 11 月猪价可能上涨，因此企业 B 为了避免未来价格上涨，导致原材料成本上升，决定进行套期保值交易，交易情况如表 3-3 所示。

表 3-3　猪肉加工企业 B 的套期保值效果（价格上涨的情况）

	现货市场	期货市场
3 月 1 日	猪价 12 510 元/t	买入 11 月合约 10 手 180t 12 800 元/t
11 月 1 日	买入 180t（1 600 头）生猪，市场价格 16 000 元/t	卖出 11 月合约 10 手平仓 16 300 元/t
盈亏变化	180×(12 510−16 000)＝−628 200 元	180×(16 300−12 800)＝630 000 元

注：不考虑手续费等交易成本。

上述例子中，为了完成之后的供货订单，加工企业 B 需要在 11 月购入生猪进行加工，但是如果猪价暴涨，成本上升，导致加工产品价格低于原料生猪价格，企业继续生产就会持续亏损。于是该企业 3 月在期货市场买入相应数量的生猪期货合约，也就是 10 手合约，交付了保证金，进而锁定这个 180 t 生猪的进货成本。若需要购猪时价格真的上涨，变成了 16 000 元/t，则企业 B 需要额外增加 628 200 元的成本去购猪，但此时企业卖出期货，在期货市场上赚进 630 000 元，就冲抵了上涨的现货成本，有了高价购猪的底气。

从该方案中可以得出：第一，完整地买入套期保值涉及两笔期货交易：一笔为买入期货合约，另一笔为在现货市场买入现货的同时，在期货市场上卖出对冲原先持有的头寸；第二，通过这一套期保值交易，即使现货市场价格出现了对该企业不利的变动——价格上涨，导致原材料成本提高，期货市场上的交易盈利也能消除价格不利变动的影响。如果该企业不做套期保值交易，现货市场价格下跌就可以得到更便宜的原材料，但是一旦现货市场价格上升，企业就必须承担损失。相反，企业在期货市场上买入套期保值后，虽然失去了获取现货市场价格有利变动带来的盈利，但同时也避免了现货市场价格不利变动带来的损失。因此可以说，买入套期保值规避了现货市场价格变动的风险。

纵观期货市场的参与者，并不是所有企业都需要进行期货交易，但是对于那些从不进行期货交易、无法达到门槛的企业来说，期货市场也是需要关注的，因为即使不是期货市场的直接参与者，也可以从中受益。由于企业加工稳定性的提高和风险的降低，生产者定价更具竞争力并以更优惠的价格出售，这种良好的效应也传递给了消费者。例如，玻璃合约也有在交易所挂牌交易。玻璃合约有助于降低玻璃价格的波动性，从而影响到消费者。生产镜子的企业需要购买玻璃进行生产，如果这些企业发现玻璃价格持续稳定，那么就会以稳定的价格销售给消费者。消费者就不需要担心镜子的价格会不断地波动了。从另一方面来说，这增加了市场的完整性。当你考虑到供需平衡的时候，期货市场其实已经体现出来了。增加期货或者期权合约最终可以增加市场的完整性。

生猪行业面临着非洲猪瘟这一难题，生猪价格受供需、进口政策还有疫病的影响，企业迫切需要风险对冲工具来进行风险管理，而生猪期货就是一个有利的工具。从长期来看，非洲猪瘟加快了行业规模化的速度，加强了行业对抗疫病的能力，这都将更有利于生猪期货市场的发展，也为未来大商所生猪期货合约提供了良好的市场环境。

第四章

企业多元化套期保值策略研究

第一节　企业多元化套期保值策略探讨

　　套期保值作为企业风险管理的核心策略之一，其实施成功与否直接关系到企业的稳定运营与长期发展。鉴于不同企业在经营方法、策略规划、风险偏好及资金状况等方面的显著差异，制定并执行一套适合自身特点的套期保值策略显得尤为重要。特别是针对生猪养殖这类具有生产连续性和高度市场敏感性的行业，企业合理设计套期保值策略对于稳定收益、规避市场风险具有不可估量的价值。简单而言生猪养殖企业套期保值分类如表 4-1 所示。

表 4-1　企业套期保值分类

企业类型		标的	套保策略	备注
生产端	饲料生产企业	预售饲料	卖出套保	针对未来产出的饲料，规避跌价风险
		饲料库存	卖出套保	针对现有饲料库存，规避跌价风险

（续）

企业类型		标的	套保策略	备注
生产端	养殖企业	预购饲料	买入套保	预购入但尚未购入，未确定价格的长期协议供货，规避涨价风险
		饲料库存	卖出套保	针对现有的饲料库存，规避跌价风险
		预售生猪	卖出套保	针对未来出栏生猪，规避跌价风险
		育肥利润	双向套保	买入原料，卖出生猪，锁定育肥利润
贸易端	贸易商	预购商品	买入套保	预购入但尚未购入，未确定价格的长期协议供货，规避涨价风险
		商品库存	卖出套保	针对现有商品，规避跌价风险
消费端	终端用户	预购商品	买入套保	预购入但尚未购入，未确定价格的长期协议供货，规避涨价风险
		商品库存	卖出套保	针对现有商品，规避跌价风险

数据来源：国家生猪产业技术体系。

一、生产端的套期保值策略

对于饲料生产企业和生猪养殖企业来说，套期保值策略主要聚焦于原料采购、库存管理及产品销售等关键环节。

1. 饲料生产企业

预售饲料卖出套保：针对未来计划生产的饲料，通过卖出期货合约锁定销售价格，有效规避因市场价格下跌导致的利润损失。

饲料库存卖出套保：对于现有库存饲料，同样采用卖出套保策略，确保库存价值不因市场价格波动而大幅缩水。

2. 养殖企业

预购饲料买入套保：在面对未来价格上涨预期的饲料采购时，通过买入期货合约锁定采购成本，防止饲料价格上涨对养殖成本造成不利影响。

饲料库存卖出套保：对于已采购入库的饲料，实施卖出套保以应对可能的跌价风险，保障库存资产价值。

预售生猪卖出套保：针对即将出栏的生猪，通过卖出期货合约提前锁定销售价格，规避市场价格波动带来的不确定性。

育肥利润双向套保：通过同时买入原料期货合约与卖出生猪期货合约，双向锁定成本与收益，确保育肥环节的利润稳定性。

二、贸易端的套期保值策略

贸易商作为市场流通的关键节点，其套期保值策略侧重于预购商品的风险规避与库存商品的保值增值。

预购商品买入套保：针对尚未购入但已签订长期供货协议的商品，通过买入期货合约锁定采购成本，避免因价格上涨导致的采购成本增加。

商品库存卖出套保：对于现有库存商品，实施卖出套保策略以规避市场价格下跌风险，确保库存商品价值。

三、消费端的套期保值策略

终端用户在面对原材料价格上涨压力时，同样需要通过套期保值策略来锁定成本，确保供应链的稳定。

预购商品买入套保：对于计划采购但尚未确定价格的商品，提前通过买入期货合约锁定成本，避免因价格波动导致的额外支出。

商品库存卖出套保：针对已购入的库存商品，视市场情况选择卖出套保，以应对潜在的跌价风险。

在实际应用中，生猪养殖企业应根据套期保值对象的具体情况和市场变化，灵活调整套期保值策略。具体而言，企业应定期评估市场趋势、库存水平、资金需求及风险承受能力等因素，结合期货市场的实时数据，动态调整套期保值比例和合约选择。同时，加强与期货公司、银行及保险公司的合作，利用"保险＋期货"、期货转现货等创新金融工具，进一步提升风险管理效率和效果。

第二节　基于已签订合同的精准套期保值策略

针对现货合同进行套期保值是最常见的套期保值策略，当企业准备或者已经签订了某一项未来交货的购销合同时，就产生了相应的市场价格风险，一旦合同履约时市场价格朝不利方向波动，会影响企业的利润。因此，提前在期货市场上采取相应的建仓来锁定合同风险，就可以实现相应的套期保值。对企业来讲，最常见的就是针对企业签订的锁价长单合同进行保值。

举例说明，假如某生猪养殖企业在 2021 年 1 月的时间点考虑生猪期货套期保值业务。2021 年 1 月初全国生猪现货均价为 32 600 元/t。受新冠疫情影响生猪需求相对下降，加上在政策和资本的双重利好下生猪存栏量快速增长，春节后猪价可能迎来快速下跌。为了回避生猪现货价格下跌的风险，企业计划对 2021 年 10 月交货的 13.3 万头、约合 1.6 万 t 的生猪现货进行卖出套期保值，在大连商品交易所卖出 1 000 手期货合约（1.6 万 t÷16 t/手＝1 000 手）。套保方案及建仓结果如表 4-2 所示。

表 4-2　生猪期货套保方案及建仓结果

套保工具	大连商品期货交易所生猪期货
合约选择	LH2 111 合约
交易方向	卖出开仓
建仓时间	2021.1.25—2021.1.29（共 5 个交易日）
期限	不超过 10 个月（2021 年 1—10 月）
建仓均价	23 500 元/t
建仓数量	1 000 手（16 000 t）
保证金	3 008 万元（合约价值的 8%）
手续费	7.5 万元

注：手续费为交易所生猪期货手续费万分之二；生猪期货的交易单位为 16 t/手。

2021 年 3 月开始，结束了春节需求旺盛的行情之后生猪期货和现货价格如期出现大幅下跌，至 9 月末下跌至 18 000 元/t 左右，其中大商所生猪期货 11 月合约跌至 16 000 元/t 左右，此时生猪不断出栏交付订单，同时平仓相当数量的期货，至9月末现货销售完毕，现货销售加权均价为18 000元/t，期货头寸全部平仓，全部期货头寸平仓加权均价为16 000元/t，套期保值结果如表4-3所示。

表4-3 生猪期货套期保值结果

价格及变化	现货市场	期货市场
1月	32 600元/t	23 500元/t
9月	18 000元/t	16 000元/t
价格变化	亏14 600元/t	盈7 500元/t（套期保值收益）

注：价格为假定的价格变化。

由表4-3可知，现货端1.6万t生猪由于现货价格下跌盈利减少：（32 600－18 000）×16 000＝23 360万元。如果企业在1月没有实施套期保值业务，那么9月企业的损失额将是23 360万元。如果企业在1月实施了套期保值业务，期货盘面卖出套保共1 000手，盘面盈利：（23 500－16 000）×1 000×16＝12 000万元，平仓手续费为：16 000×1 000×16×2/10 000＝5.12万元，因此期货净利润为：12 000－（7.5＋5.12）＝11 987.4万元（7.5万元为期货公司手续费）。"期现对冲"后，实际盈利减少：23 360－11 987.4＝11 372.6万元，对冲比例：12 000÷23 360×100%＝51.37%。在这个案例中企业通过套期保值使亏损额减少了51%。

第三节 动态库存管理的套期保值实践

企业养殖生猪是个连续流程，为保障生产和销售，企业势必要保持一定水平的饲料库存。延续上述案例，假定该养猪企业的饲养规模为13.3万头，并且在2021年1月的时间点考虑对生猪饲料的主要原料玉米和豆粕进行套期保值。由于新冠疫情对全球粮食安全存在威胁，企业预判玉米2021年难以扭转年度供需紧平衡的状态，担心未来饲料价格暴涨，压缩企业利润。然而此时购入大量现货饲料，又存在库存成本以及库存较高、价格下跌的风险。为应对这一风险，企业计划在3月和7月分别购入饲料原料并在期货市场建立虚拟库存（见表4-4）。

表4-4　玉米/豆粕期货套保方案

现货标的	玉米、豆粕
数量	饲养13.3万头生猪需要的量
期限	7个月（2021年1月至2021年7月）
套保工具	大连商品期货交易所玉米期货、豆粕期货
合约选择	C2105合约、C2109合约、M2105合约、M2109合约
交易方向	买入开仓
期限	签订购销合同确定现货价格为止

注：玉米/豆粕期货的交易单位为10 t/手。

假设该企业的生猪出栏体重为120 kg，料肉比为3.0：1，饲料配方为玉米65％以及豆粕20％。那么13.3万头生猪需要的饲料对应3 120手玉米期货（1.6万 t×3×65％÷10）以及960手豆粕期货（1.6万 t×3×20％÷10）。该企业在1月末进行交易完成建仓，建仓结果如表4-5所示。

表 4-5　玉米/豆粕期货建仓结果

合约	建仓时间	方向	建仓均价/ （元/t）	建仓数量/手	保证金/ 万元	手续费/元
C2105	2021. 1. 25—2021. 1. 29 （共 5 个交易日）	买入	2 770	1 560	302.5	1 872
C2109	2021. 1. 25—2021. 1. 29 （共 5 个交易日）	买入	2 730	1 560	298.1	1 872
M2105	2021. 1. 25—2021. 1. 29 （共 5 个交易日）	买入	3 420	480	114.9	720
M2109	2021. 1. 25—2021. 1. 29 （共 5 个交易日）	买入	3 440	480	115.6	720

注：上表保证金为交易所套期保值保证金，保证金比例为 7%，手续费为交易所收取手续费（玉米 1.2 元/手，豆粕 1.5 元/手）。

假定建仓完成后，玉米和豆粕如期继续上涨，于是该企业陆续对所持期货头寸进行平仓（期货头寸是指期货投资者持有的仓位），平仓原则为：购买饲料现货一旦签订合同确定购入价和数量即可将对应比例期货头寸进行平仓，4 月 1—9 日当 3 月现货结算价确定后进行第一次平仓，8 月 2—6 日当 7 月现货结算价确定后进行第二次平仓，最终 5 月和 9 月合约平仓均价如表 4-6 所示。

表 4-6　玉米/豆粕期货平仓结果

合约	平仓时间	方向	平仓均价/ （元/t）	平仓数量/手	当时现货价格/ （元/t）	手续费/元
C2105	2021. 4. 1—2021. 4. 9 （共 5 个交易日）	卖出	2 850	1 560	2 900	1 872
C2109	2021. 8. 2—2021. 8. 6 （共 5 个交易日）	卖出	2 940	1 560	2 950	1 872

（续）

合约	平仓时间	方向	平仓均价/（元/t）	平仓数量/手	当时现货价格/（元/t）	手续费/元
M2105	2021.4.1—2021.4.9（共5个交易日）	卖出	3 700	480	3 750	720
M2109	2021.8.2—2021.8.6（共5个交易日）	卖出	3 780	480	3 800	720

注：2021.4.1—2021.4.9（共5个交易日），其中4月3—5日为清明假期，不交易。

本案例中玉米/豆粕的现货以及期货价格如表4-7所示。通过玉米盈亏以及豆粕盈亏可以推算出企业通过套期保值实现期货盘面盈利（80+210）×10×3 120+（280+340）×10×960=1 500万元（表4-7）。从现货市场看，1月玉米和豆粕价格分别为2 850元/t和3 700元/t，在不考虑期货市场的情况下，3月购入成本增加：（2 900-2 850）×1 560×10+（3 750-3 700）×480×10=102万元（表4-7）；8月购入成本增加：（2 950-2 850）×1 560×10+（3 800-3 700）×480×10=204万元（表4-7）；成本共增加：102+204+1=307万元。通过期货交易市场，该企业期现对冲后最终实现了综合收益为1 500-307=1 193万元。现货市场亏损小于期货市场盈利，企业通过合理基差套保取得了可观的收益，既规避了库存贬值的风险，还通过基差变动取得了额外的收益。

表4-7 玉米/豆粕期货套期保值结果

玉米	现货价格/（元/t）	玉米期货C2105	玉米基差（现货-期货）/（元/t）	玉米期货C2109	基差（现货-期货）/（元/t）
2020.1	2 850	2 770元/t买入1 560手	80	2 730元/t买入1 560手	120

（续）

玉米	现货价格/（元/t）	玉米期货 C2105	玉米基差（现货－期货）/（元/t）	玉米期货 C2109	基差（现货－期货）/（元/t）
2020.4	2 900	2 850 元/t 平仓 1 560 手	50	—	—
2020.8	2 950	—	—	2 940 元/t平仓 1 560 手	10
玉米盈亏	平均亏损75 元/t	盈利 80 元/t	—	盈利 210 元/t	—

豆粕	现货价格/（元/t）	豆粕期货 M2105	豆粕基差（现货－期货）/（元/t）	豆粕期货 M2109	基差（现货－期货）/（元/t）
2020.1	3 700	3 420 元/t 买入 480 手	280	3 440 元/t 买入 480 手	260
2020.5	3 750	3 700 元/t 平仓 480 手	50	—	—
2020.9	3 800	—	—	3 780 元/t 平仓 480 手	20
豆粕盈亏平均亏损75/t	盈利 280 元/t	—	盈利 340 元/t	—

注：玉米和豆粕进行的是买入套保，手续费约 1 万元。现货以及期货价格为假定的价格变化。

第四节　生猪养殖企业套期保值策略
优化建议

　　生猪养殖企业在期货套期保值的策略中，要合适地选择合约月份，在套期保值操作中，期货头寸持有的时间段与现货市场承担风险的时间段应对应起来，但不要求完全一致。现阶段，生猪期货受套期保值头寸的限仓及高保证金制度压制了流动性，难以匹配头部企业需求。合约月份的选择主要受以下 3 个因素的影响：第一，合约流动性。套期保值量大时一般应选择流动性最好的合约进行交易。第二，合约月份匹配性。尽量选择与现货采购时间点相近月份的合约。第三，不同合约月差结构判断，企业应选择对其最有利的合约进行交易。

企业在参与套期保值之前，需要结合自身情况进行评估，判断是否有套期保值需求以及是否具备实施套期保值操作的能力。因为期货自带杠杆，套期保值之后，存在市场走势与判断不一致的爆仓风险。一方面企业需要有一定资金实力且能忍受时间成本；另一方面企业需要判断何时止损，何时调仓，是否补仓。因此，在套期保值方案制定之前，对后期市场走势要有缜密的分析和推导，把握行情时机。在此基础上，才能更好地决定套期保值做与不做，做多少，何时入场，何时离场，使得套期保值效果达到最佳。

在实际操作过程中，实体企业需要深刻了解套期保值交易的本质是以防范现货经营风险为目的，而不是为了获取高额利润，只有在能够通过套期保值有效规避风险的前提下，才能通过合理操作获取一定的额外收益。企业高层要明确套期保值不是套利，也不是赌单边行情，核心是风险控制而不是盈利，接受阶段性的盘面浮亏，保持初心。若养殖企业卖出套保后，现货市场因"黑天鹅事件"造成大面积产能损失，企业或出现"期现双亏"的可能。在评价套期保值效果时，应当综合考虑现货市场和期货市场的盈亏情况，而非期货市场一旦亏损就认为套保失去了效果，只有结合期货现货两个市场的情况才能合理评价套保效果，为企业的长期经营转移价格风险。此外，企业应该实事求是地对自身可承受的风险能力进行评估，然后依据自身的特点设计相应的套期保值方案，这样才不致出现因市场特殊波动变化致使企业无法承受风险而陷入经营困顿的情形。

第五章

生猪期货的深度功能解析与前瞻性发展策略

猪肉作为我国居民最主要的肉类消费品，其市场价格变化不仅影响居民的日常生活消费，也关系到国家的物价稳定、经济安全。近十年，我国猪肉价格呈现波动幅度显著扩大趋势，影响猪肉价格波动的因素也愈发复杂多样。自生猪期货于 2021 年 1 月 8 日正式在大连商品期货交易所挂牌上市以来，起到稳定我国生猪现货市场价格和丰富生猪交易市场功能的作用，使生猪期货交易作为国内生猪现货交易的补充，推动我国生猪产业链体系的健康发展。本章基于生猪期货上市后的生猪现货价格波动，对生猪期货对现货市场价格变化的功能性作用做进一步分析。

第一节　生猪现货市场动态解析与趋势预测

在对 2021—2022 年间生猪现货市场的价格动态进行深入的定量分析的基础上，揭示市场在这两个阶段中所表现出的内在趋势与规律。首先对 2021 年全年生猪价格的单边下行趋势进行了系统的梳理，并与 2022 年市场所呈现的低开高走态势进行了对比分析，结果如图 5-1 所示。

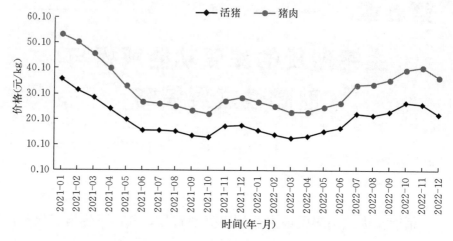

图 5-1　2021—2022 年我国活猪以及猪肉价格变化情况

数据来源：农业农村部。

在 2022 年上半年 1—4 月，市场经历了一段明显的弱势下行期，这一态势是 2021 年市场下跌趋势的延续。此时期的市场供应过剩状况未得到根本性改变，主要原因在于生猪出栏量与 2021 年上半年能繁母猪的高存栏量及配种活动密切相关，导致产能供应维持在较高水平。与此同时，春节后的需求并未显著增加，供需失衡导致猪肉价格持续缓步下跌。

进入第二阶段，即 4—12 月，市场迎来了强势反弹，价格一路上扬，直至 11 月底出现了小幅的回落调整。这一价格反弹的动因是多方面的：首先，2021 年 6 月去产能化政策的实施，导致供给端产能逐步降低，有效缓解了供需之间的紧张关系；其次，政策性收储的实施，以及部分养殖户的压栏惜售行为，加之市场对价格上涨的普遍预期，共同为猪价提供了有力支撑；然而，2022 年 10 月中下旬新冠疫情的冲击，对各地的消费需求造成了一定程度的抑制，加之之前压栏及二次育肥猪的集中出栏，对供给市场形成了冲击，最终导致了生猪价格的小幅回落。

　　本文通过构建经济模型和运用计量经济学方法，对上述影响因素进行了定量分析，并对未来生猪现货市场的趋势进行了前瞻性的预测。这一预测模型不仅考虑了市场供需基本面，还纳入了宏观经济政策、疫情冲击等外部因素，旨在为市场参与者提供更为精准的决策支持。图 5 - 1 清晰地展示了 2021—2022 年我国活猪及猪肉价格的变化情况，为市场分析提供了有力的数据支撑。

第二节　生猪期货与现货市场的
联动效应深度剖析

　　本文选取生猪期货 2109 合约、2205 合约及 2211 合约与生猪现货市场价格做对比（图 5 - 2 至图 5 - 4），可以看出，除了 2021

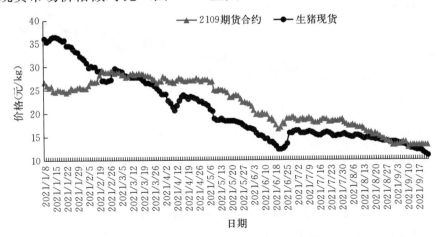

图 5 - 2　2109 期货合约和生猪现货价格走势

数据来源：大连商品交易所。

年生猪期货刚上市的前 2 个月，2109 合约期货价与现货价出现偏离，呈相反走势，其余时间，期货合约价与现货价维持一致走势。而 2205 合约和 2211 合约价格与现货价格的涨跌走势基本一致。

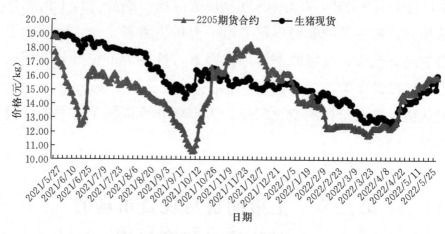

图 5-3　2205 期货合约和生猪现货价格走势

数据来源：大连商品交易所。

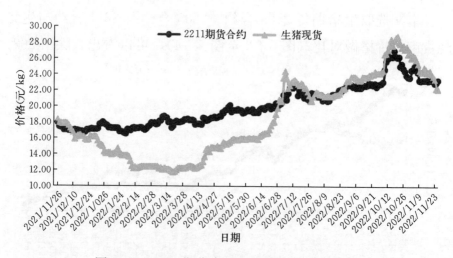

图 5-4　2211 期货合约和生猪现货价格走势

数据来源：大连商品交易所。

如表 5-1 所示，2211 合约价与现货价的相关系数最高，为

0.92，其次是 2109 合约，相关系数为 0.80，而 2205 合约价与现货价相关系数仅为 0.47。但若选取临交割日前 6 个月及临交割日前 3 个月作为观测区间，则所有合约价与现货价的相关系数均大幅提高，一方面随着交割临近，期货合约价会逐渐回归现货价格；另一方面说明距离交割日时间越长，市场对未来的预判容易产生较大的偏差，期货价格受干扰的因素也越多，因此期货价格偏离现货价格是正常现象。但随着时间临近交割日，在 6 个月的时间内，期货的价格发现功能明显增强，对未来现货价格的预期和引导功能也随交割日的临近而逐步增强。

表 5 - 1　合约期货价与现货价的相关系数

合约种类	时间		
	所有月份	交割前 6 个月	交割前 3 个月
2109 合约	0.80	0.94	0.91
2205 合约	0.47	0.79	0.89
2211 合约	0.92	0.93	0.91

2205 合约、2211 合约的价格走势恰好对应 2022 年现货价格走势的两个不同阶段（1—4 月、4—12 月）。在第一阶段（2022 年 1—4 月）现货价格弱势下行期间，此阶段期货 2205 合约持续处于升水状态（在特定地点和特定时期内，商品的期货价格高于其现货价格称为期货升水，反之则称期货贴水），由于去产能化幅度小，预期未来的生猪出栏量下降幅度有限，期货虽然和现货均呈弱势下跌，但期货最大跌幅略小于现货。该阶段（1—4 月）的生猪现货最高价、最低价分别为 15.58 元/kg 和 11.66 元/kg，最大跌幅达 25.16%，期货则由从年初的最高收盘价 15 510 元/t 跌至 4 月 11 日最低收盘价的 12 530 元/t，期间最多下跌 2 980 元/t，最大跌

幅 19.21％。

第二阶段（2022 年 4—12 月）现货市场逆势反弹，多因素促进生猪价格一路上涨。由于 2211 合约在 7 月之前相对现货长时间处于高升水状态，因此期货整体上涨幅度不及现货市场，但涨幅依然巨大。该阶段，2211 合约价从 4 月最低的 17 630 元/t 最高涨到 10 月 18 日的 26 950 元/t，期间最高上涨 9 320 元/t，最大涨幅 52.86％。

第三节　生猪期货对现货市场的多维度功能探索

一、价格发现功能的深化

生猪期货市场的价格发现功能是其核心价值之一。通过期货价格，市场参与者能够预见未来的市场趋势，为养殖企业提供重要的决策支持。本节将详细阐述生猪期货如何作为现货市场的"风向标"，反映市场对未来供求关系的预期。

在 2021 年上半年生猪期货刚上市时，期货价格与现货价格的相关性并不显著，甚至出现了价格走势的偏离。然而，随着市场对生猪期货认识的深入和参与度的提高，期货与现货价格的相关性逐渐增强。期货市场的交割机制确保了随着交割月的临近，期货价格会逐步回归现货价格，从而更准确地反映市场的预期。

二、风险管理工具的强化

生猪期货作为套期保值工具的重要性不容忽视。本文将分析生猪期货如何帮助企业锁定收益、规避价格波动带来的风险，保障生猪产业链的稳定发展。通过期货市场的套期保值操作，企业能够有效管理价格风险，确保生产经营的稳定性。

三、生猪期货对现货市场的价格发现和引导功能

随着生猪期货市场的不断发展，其对现货市场的价格发现和引导功能逐步显现。期货价格的变化不仅反映了市场对未来价格的预期，也引导了现货市场的价格走势。这种"市场风向标"功能使得期货市场成为现货市场的重要参考。

四、生猪期货作为企业套期保值的重要工具

生猪期货为企业提供了一种有效的风险管理工具。通过参与期货市场交易，企业能够锁定产品价格，规避价格下跌的风险，从而保护企业的利润。这种套期保值策略不仅有助于企业稳定经营，还能提高资金使用效率，使企业能够更好地适应市场变化。

生猪期货的推出和发展，不仅丰富了金融衍生品体系，也为生猪产业链的稳定发展提供了有力支持。通过价格发现和风险管理，生猪期货在现货市场中发挥了不可替代的作用。随着市场的进一步成熟，生猪期货的功能有望得到更广泛的认识和应用，为生猪产业的健康发展提供更加坚实的保障。

第四节　生猪期货市场发展展望

我国生猪期货自 2021 年 1 月挂牌上市至今，从目前的市场表现看，生猪期货已初步发挥其功能性作用，和现货价格的关联性也在逐步增强。

从国外期货市场的发展轨迹和实践看，新的期货品种的上市到期货价格发现和风险控制功能的有效发挥需要三到五年的时间，从这个发展规律看，我国生猪期货的发展还处于"培育期"，生猪期货的发展还需要多方面努力，才能促进其健康平稳发展。

首先，重视政府调控和市场监管的有效结合，确保生猪期货稳定发展。生猪期货市场的成型不能一蹴而就，在市场发展初期应该把稳定安全发展放在首位，不能过度扩张，在合理的市场监管机制下，循序渐进发展生猪期货，并及时调整政策指导方向和市场制度，确保市场有序良好运行。

其次，规范市场，提高市场标准化程度，引导市场良性发展。生猪期货的健康可持续发展，需要多方面因素支持，包括生猪养殖的标准化和规模化发展、生猪期货合约及交割程序的标准化、生猪市场经营主体的专业化、生猪期货市场监管机制的完善等。这些因素是生猪期货上市的基础，也是生猪期货的可持续发展和进步的必要条件。

最后，规范市场主体行为，构建安全、稳定、成熟的市场交易环境。生猪期货市场的风险主要来自市场交易主体，对市场交易主体的有效监管和合理引导是管控风险的关键，鼓励更多生猪产业的实体企业有序参与到期货市场中，普及生猪期货规则、风险控制及监管机制，充分发挥生猪期货服务于实体经济的功能。

虽然生猪期货上市初期，市场可能存在期货市场对现货价格扰动的担忧，但这类影响有限且可控。目前，生猪期货价格和现货价格的相互作用已经显现，生猪期货的上市对现货市场是积极的补充和具有明显的正向作用，市场商品价格波动的逻辑来自多重因素共同作用于供需两端，再由供需端传导到市场价格上。我国生猪期货的发展会受到如市场监管机制不成熟、市场参与主体不够完善、非理性交易等因素的制约，从而导致期货价格短期偏离现货价格，但从根本上看，在市场逐步趋于完善的过程中，期货价格本质上还是受市场供求关系所决定，加上政府、监管机构对市场监管的不断加强，生猪期货必定能发挥其优化市场资源配置、规避经营风险的功能性作用。

第六章

从金融工具到产业赋能：生猪期货驱动产业变革

第一节 "保险＋期货"模式的创新逻辑与市场渗透力

一、市场功能的多元化体现

生猪期货具有发现价格、规避风险的功能，它可以帮助生猪养殖企业通过期货交易行情及时了解未来的生猪市场价格走势，合理调整养殖规模和饲养周期，进而降低市场波动带来的风险。生猪养殖企业可以运用生猪期货进行套期保值，用市场手段平滑价格波动、锁定成本、稳住利润，抵御生猪价格大幅度涨跌给企业带来的负面影响。

但是能够直接参与生猪期货交割的生猪养殖企业需要具备一定的条件。生猪期货的每手交易量是 16 t，交易生猪的体重要求在 100～120 kg 之间，参与交割的生猪养殖企业必须是自繁自养的规模化养殖企业，这些条件对小规模散养户来说是一个巨大的门槛。

根据《中国畜牧兽医年鉴2019》统计的数据，2018年我国生猪养殖户（企业）的总数为3 775万户，其中年出栏量100头以下的小规模散养户的数量为3 693万户，占总数的97.83％。这些小规模散养户是我国生猪生产的中坚力量，也是我国脱贫攻坚战的主要扶持对象。那么小规模散养户如何利用生猪期货来抵御生猪价格的大涨大落带来的风险？针对小规模散养户，期货行业探索创新出了"保险＋期货"模式，有效地解决了小规模散养户无法直接利用生猪期货来抵御价格风险的问题。为此，本研究举例说明生猪"保险＋期货"模式的市场功能与社会意义，同时站在农户的角度，通过对"保险＋期货"模式的分析，对如何利用生猪"保险＋期货"模式助力脱贫攻坚提出政策性建议。

二、运作机制的创新解析

简而言之，"保险＋期货"模式是指养猪户为规避生猪价格风险向保险公司购买的一种保险产品，同时保险公司利用期货市场分散部分价格风险。举一个简单的例子，小规模农户A准备2020年10月上旬开始饲养育肥猪150头，预计2021年1月上旬出栏。此时10月上旬生猪市场价格大致是35元/kg（35 000元/t），农户A认为如果2021年1月生猪价格仍然保持在35元/kg，那么出栏150头生猪可以确保10万元的收益，所以农户A希望有保证2021年1月生猪价格为35元/kg的保险。保险公司B认为2021年1月生猪价格跌破35元/kg的可能性较小，就向类似农户A的群体推出了生猪价格防止跌价保险。保险费用为1元/kg，如果2021年1月生猪价格跌破35元/kg，那么跌多少保险公司B将理赔给农户A多少。农户A认为该保险费用在自己的承受范围之内，决定参保。

保险公司则向期货公司买入看跌期权（期货衍生产品）来分散2021年1月价格大幅降低的风险。所以"保险＋期货"对养猪户来说就是一种保险，养猪户不需要具备相关期货的知识。在"保险＋期货"模式当中，保险公司将风险转移到了期货市场。

三、期货衍生品在风险分散中的作用

保险公司如果能够有效利用期货衍生品来对冲承接的价格风险，可以大大降低保险公司的理赔成本。保险公司的理赔成本降低了，养猪户需要交纳的保险费用才有可能降低。上述例子中农户 A 于 2021 年 1 月预计出栏生猪 150 头（约 16 t），为确保 35 元/kg 的生猪交易价格，从保险公司 B 购买了价格保障险，并支付保险费用 16 000 元。保险公司 B 为了分散价格风险从期货公司购买生猪看跌期权（生猪期货衍生品；如果生猪期货价格下跌，保险公司 B 将获得盈利）以对冲承接的价格风险，支付期权费 10 000 元。假如 2021 年 1 月生猪价格下跌至 30 元/kg，保险公司 B 将按照与农户 A 的保险合约以 5 元/kg（35－30）的差价向农户 A 理赔 80 000 元 [16 000×（35－30）]。虽然生猪价格发生下滑，但农户 A 从保险公司 B 共获得 64 000 元（80 000－16 000）的补偿，农户 A 的养猪收益得到了保障。另一方面虽然保险公司 B 向农户 A 支付了保险金额 4 倍的理赔金（64 000 元），但由于保险公司 B 从期货市场购买看跌生猪期权进行风险分散，期货价格下跌 5 元/kg（35－30），所以获得期权执行收益 80 000 元（16 000×5）。保险公司 B 首先从农户 A 获得保险收入 16 000 元，买入看跌期权支出 10 000 元，执行期权收益 80 000 元，支出保险理赔金 80 000 元，所以虽然保险公司支付了理赔，但由于通过购买期货产品进行风险规避，从而通过本次"保险＋期货"业务获利 6 000 元（表 6-1）。

表 6-1　通过期货市场分散价格风险的效果（价格下跌情况）

日期	生猪期货价格	农户 A 收益/损失情况	保险公司 B 收益/损失情况
2020 年 10 月上旬	35 元/kg	向保险公司 B 缴纳保险费用 16 000 元	获得保险收入 16 000 元。买入执行价格为 56 万元/手（35 元/kg；1 手＝16 t）的看跌生猪期权。缴纳期权费 10 000 元
2020 年 1 月上旬	30 元/kg	由于价格下跌 5 元/kg，从保险公司 B 获得理赔：80 000 元（16 000 kg × 5 元）	由于期货价格下跌 5 元/kg，获得期权执行收益：80 000 元（16 000 kg×5 元）。向农户 A 支付理赔金：80 000 元
总计		通过购买生猪价格保险获利 64 000 元（80 000－16 000）	获得保险收益 6 000 元（16 000－10 000＋80 000－80 000）

注：为了便于理解，假定生猪现货价格与 2020 年 1 月期货价格相同。

相反，如果 2021 年 1 月上旬生猪价格上涨到 40 元/kg，这时将不发生保险理赔。同时保险公司 B 买入的看跌生猪期权需要放弃执行期权。这样农户 A 虽然支出了保险费用，但由于生猪价格上涨，其养猪收益得到了保障，一方面，保险公司 B 的收益仍然是 6 000 元（16 000 元的保险收入－10 000 元的看跌生猪期权支出）。从这个案例可以看出，农户 A 通过购买价格保险，无论未来价格上升还是下降，都保证了一定的盈利水平，另一方面保险公司 B 通过买入看跌生猪期货，无论未来价格上升还是下降，都保证了一定的保险业务收益（表 6-2）。

表 6-2　通过期货市场分散价格风险的效果（价格上涨情况）

日期	生猪期货价格	农户 A 收益/损失情况	保险公司 B 收益/损失情况
2020 年 10 月上旬	35 元/kg	向保险公司 B 缴纳保险费用 16 000 元	获得保险收入 16 000 元。买入执行价格为 56 万元/手（35 元/kg；1 手＝16 t）的看跌生猪期权。缴纳期权费 10 000 元
2020 年 1 月上旬	40 元/kg	由于价格上涨 5 元/kg。无理赔	由于期货价格上升 5 元/kg，放弃执行期权
总计		通过购买生猪价格保险，共发生支出 16 000 元	获得保险收益 6 000 元（16 000－10 000）

第二节　"保险＋期货"模式的市场前瞻与风险管理新纪元

一、"保险＋期货"模式的脱贫效应与产业转型推动力

1. 脱贫效应

生猪"保险＋期货"模式作为一项创新的金融工具，在脱贫攻坚中扮演了关键角色。该模式通过为农户提供生猪价格保险，构筑

了一道抵御市场价格波动带来的风险的屏障。在生猪价格下跌时，农户能够获得及时的经济补偿，从而保障了他们的稳定收入，有效缓解了市场风险带来的压力。

这种稳定收入的保障极大地激发了农户的生产积极性，使他们能够将更多的精力投入到提高生猪养殖的质量上。随着养殖技术与管理水平的提升，贫困地区的生猪养殖产业得以优化升级，进而推动了当地经济的整体发展。此外，稳定的收入来源为农户提供了扩大生产规模和改善生产设施的资金，形成了促进贫困地区可持续发展的良性循环，为贫困地区的脱贫致富提供了坚实的支撑。

2. 产业升级

生猪"保险＋期货"模式不仅在脱贫方面发挥了重要作用，更在推动生猪养殖产业的结构升级和技术进步方面起到了积极作用。随着农户收入的稳定和养殖信心的增强，他们更愿意投资于养殖设施的改善和技术的更新，这促进了生猪养殖向规模化、标准化的方向发展。

规模化养殖的推广，提高了养殖效率，降低了成本，同时，标准化的养殖流程也保障了产品质量，增强了市场竞争力。此外，期货市场的价格发现功能为农户提供了市场预期的宝贵信息，帮助他们更准确地预测市场需求，合理安排生产计划，从而减少了因市场波动带来的资源浪费和价格风险。

随着生猪养殖产业的现代化和产业化，产品质量的提升和生产效率的增加，不仅为农户带来了更高的经济收益，也为整个产业链的上下游各个环节创造了更多的价值。这种产业升级不仅提升了国内生猪产业的竞争力，也为我国生猪产业在国际市场上赢得了更多的话语权和影响力。

二、融资支持体系与政府补贴机制的优化路径

1. 融资便利化

生猪"保险＋期货"模式的引入，为养殖户带来了前所未有的融资便利。在传统模式下，银行和金融机构在面对市场价格波动较大的养殖项目时，常常出于风险考虑而采取保守的贷款策略。然而，"保险＋期货"模式通过提供生猪价格保险，有效降低了市场价值波动带来的风险，增强了金融机构对养殖项目的信心。这促使银行等贷款机构愿意提供更高比例的贷款，从而极大地提高了养殖户的资金获取能力。

此外，随着资金利用效率的提升，养殖户得以扩大养殖规模，引入先进的养殖技术和管理方法，促进了养殖产业的整体技术升级和现代化发展。这种模式的实施，不仅解决了养殖户的资金瓶颈问题，也为整个养殖行业的可持续发展注入了新的活力。

2. 补贴优化

政府在生猪养殖领域的补贴政策，通过"保险＋期货"模式得到了显著优化。传统的补贴方式可能存在资金使用分散、效益不明显等问题，而"保险＋期货"模式提供了一种更为精准和高效的补贴途径。政府通过提供生猪价格保险补贴，能够确保补贴资金直接流向实际从事生产的农户，从而提高了补贴资金的使用效率和转化率。

这种补贴方式的优化，不仅确保了补贴政策的有效实施，而且增强了农户对政府政策的信任和支持。农户能够更加直接地感受到政府的支持和帮助，这对于提升政府形象、增强政策的公信力具有重要作用。同时，这也为政府后续政策的实施和推广奠定了坚实的基础，有助于构建更加和谐的政府与农户关系，推动政策的顺利执行。

第三节　生猪产业金融化的战略蓝图与实施路径

一、产品设计与市场推广的精细化策略

1. 产品设计

生猪价格保险产品设计应遵循差异化原则，以满足不同规模和类型的养殖户需求。对于大规模养殖户，产品设计应注重提供高额保障和灵活的保险条款，以适应其较大的经营规模和复杂的风险管理需求。这可能包括定制化的保险方案、多层次的风险覆盖以及快速响应的理赔服务。

对于小规模散养户，产品设计则应着重于成本效益和操作便捷性。通过简化的投保流程、低廉的保费以及易于理解的保险条款，使小规模养殖户能够轻松参与并获得必要的风险保障。此外，产品设计还应考虑到地区特性和市场动态，通过定期的市场调研和数据分析，及时调整保险产品特性，以确保持续满足养殖户的实际需求。

2. 市场推广

提升"保险＋期货"模式的市场认知度和接受度是推广工作的关键。首先，通过组织培训班和研讨会，为养殖户提供深入了解该模式的机会，增强他们对产品的认识和信心。这些活动可以邀请行业专家、经验丰富的养殖户以及保险公司代表，分享经验、解答疑问，建立知识共享的平台。

其次，利用电视、广播、网络等多种媒体渠道，进行广泛而深入的宣传。通过制作教育视频、发布新闻稿、在线研讨会等形式，扩大"保险＋期货"模式的社会影响力，提高公众对其的认知水平。

再次，与地方政府及相关部门合作，开展试点项目，通过实际案例展示"保险＋期货"模式的成效和优势。试点项目可以作为模式推广的示范点，通过实地考察和成果展示，让更多养殖户直观感受到该模式的实际效益。

最后，建立反馈机制，收集养殖户对"保险＋期货"模式的意见和建议，不断优化产品设计和推广策略。通过定期的回访、问卷调查和市场调研，了解养殖户的需求变化和市场发展趋势，确保推广活动始终贴近养殖户的实际需求。

二、风险管理与政策支持的系统化构建

1. 风险管理

生猪"保险＋期货"模式的稳定运行，依赖于一个健全的风险管理体系。首先，监管机构必须强化对市场操纵和欺诈行为的监管

力度，以确保市场价格能够真实反映供求关系，从而维护市场的公平性和透明度。此外，完善信息披露制度至关重要，它能够增强市场参与者的信心，并促进市场的自我调节功能。

同时，建立一个有效的风险预警系统也是风险管理中不可或缺的一环。该系统应能够及时捕捉市场动态，评估潜在风险，并采取预防措施，以减少不利影响。此外，对保险公司的监管也需加强，确保其具备足够的偿付能力和风险控制能力，以保障农户在面临风险时能够得到及时有效的赔付。

2. 政策支持

政府在推动生猪"保险＋期货"模式发展中扮演着至关重要的角色。通过提供税收减免、保费补贴等优惠政策，政府可以显著降低农户参保的经济负担，激发他们参与该模式的积极性。这些激励措施不仅有助于农户管理价格风险，也促进了农业保险市场的健康发展。

政府还可以通过加强与保险公司的合作与交流，共同探索模式的创新与完善。这种合作可以包括共同研发新的保险产品、共享风险数据、联合开展市场教育等，以提高模式的适应性和有效性。

此外，探索建立政府、保险公司和农户三方共担风险的机制，是分散风险、增强模式可持续性的重要途径。这种机制可以通过风险基金、再保险安排等形式实现，减轻单一主体承担风险的压力，增强整个模式的抗风险能力。

通过这些政策支持措施，政府不仅能够为生猪"保险＋期货"模式提供坚实的发展基础，还能够促进农业产业的整体稳定和农民的收入增长，为实现农业现代化和乡村振兴战略目标提供有力支撑。

第四节　生猪"保险＋期货"模式的全球视野与本土创新

一、国际经验借鉴与本土化创新

1. 国际模式对比

在全球范围内，生猪产业的保险与期货市场已发展成为一套成熟的风险管理工具。特别是美国和加拿大，这些国家的生猪"保险＋期货"模式不仅体系完备，而且在风险管理、市场运作方面具有显著优势。深入分析这些国家的模式特点，我们可以发现其成功的关键因素包括：政府的积极引导、保险公司的创新产品设计，以及市场参与者的广泛参与。通过对比，我们可以提炼出适用于我国生猪产业的策略和做法，为我国"保险＋期货"模式的发展提供有力的参考和借鉴。

2. 本土化创新

借鉴国际经验的同时，我们必须结合中国的国情和市场特性，进行本土化创新。这包括针对我国生猪养殖业的特定需求，调整保险产品的设计，以满足不同规模养殖户的差异化风险管理需求。同时，加强与地方政府和金融机构的合作，共同探索适合中国国情的市场推广策略，利用金融科技和大数据技术，提升市场效率和风险管理水平。通过这些创新举措可以推动我国生猪"保险＋期货"模式不断优化升级，更好地服务于广大养殖户。

二、技术融合与产业链整合的未来趋势

1. 技术融合

展望未来，生猪"保险＋期货"模式将与金融科技、大数据、人工智能等前沿技术深度融合。这些技术的应用将使我们能够更加精准地预测市场价格走势和供求关系，提高市场透明度和信息披露质量，降低交易成本，提高市场效率。技术融合将为生猪养殖业带来更加智能化的风险评估和管理工具，推动养殖业向现代化和产业化方向发展。

2. 产业链整合

生猪"保险＋期货"模式还将促进生猪产业链的整合与协同发展。通过加强产业链各环节之间的协作与配合，我们可以构建一个更加紧密、高效的产业链生态系统。这不仅有助于提升整个产业链的竞争力和抗风险能力，还将推动生猪养殖业实现持续健康的发展。

随着生猪"保险＋期货"模式的不断成熟和完善，我们有理由相信，它将成为推动我国农业现代化、提升农民收入、保障食品安全的重要力量。通过国际经验的借鉴和本土化创新，以及技术的融合和产业链的整合，生猪"保险＋期货"模式将迎来更加广阔的发展前景。

第七章

生猪产业金融化的探索与实践

第一节 生猪期货对生猪产业的多维度效应

一、生猪期货的多元化市场功能与风险管理

生猪期货，作为一项创新的金融衍生工具，不仅扮演着价格发现和风险规避的核心角色，还通过其市场机制为生猪养殖企业提供了更为精准的市场信息和风险管理手段。企业可以利用期货市场提前锁定未来价格，优化资源配置，减少市场波动带来的不确定性，确保生产效益的稳定。尽管如此，生猪期货的参与门槛相对较高，限制了小规模散养户的参与。针对这一问题，"保险＋期货"模式应运而生，通过保险机制将期货市场的风险分散功能引入生猪养殖业，为小规模散养户提供了有效规避价格风险的保障。

二、生猪"保险＋期货"模式的运作机制与风险分散作用

"保险＋期货"模式是一种将期货市场的风险分散功能与保险机制相结合的创新金融保险模式。在这一模式下，生猪养殖户向保

险公司购买价格保险，保险公司则通过购买期货市场的看跌期权来分散价格风险。当市场价格下跌至保险约定价格以下时，保险公司根据保险合同向养殖户赔付差价损失，实现对养殖户规避价格风险的保障。这种运作机制简化了养殖户参与期货市场的复杂程序，降低了期货交易的风险，提高了农户的参与意愿和效果保障。

三、期货衍生品在农业风险管理中的核心作用

期货衍生品在"保险＋期货"模式中扮演着至关重要的角色。通过购买期货市场的看跌期权，保险公司能够有效对冲生猪价格下跌的风险，降低自身的理赔成本。期货市场的价格发现功能为保险公司提供了精准的市场预期信息，有助于其制定合理的保险方案和定价策略，进一步提升了"保险＋期货"模式的市场竞争力。此外，该模式帮助农业经营者利用期货市场的价格发现和套期保值功能，分散自身面临的市场价格风险，改善了农业生产经营者与期货市场的联系机制。

四、套期保值功能普及障碍与"保险＋期货"模式的突破

期货市场的套期保值功能是转移现货市场价格风险的重要手段。然而，农业经营者通常需要较强的专业知识、运营经验和资金保障才能直接通过期货市场管理市场风险。这对于普通农民来说是一个较大的障碍。相比之下，保险产品对农民来说更为熟悉，更容易被理解和接受。此外，保险公司的综合实力和基层服务基础更为完善，使得价格保险产品比期货更适合用于保障农民收入。

五、生猪"保险＋期货"模式的内涵与实践案例剖析

生猪"保险＋期货"模式是"保险＋期货"模式下的具体应用，其中养殖户向保险公司购买生猪价格保险，保险公司为了分散自身风险向期货公司支付期权费。期货公司利用期货市场进行风险对冲，进而分散生猪价格下跌带来的风险。这种模式不仅为农民提供了一种可操作的避险工具，还将农民面临的价格风险转移到期货市场，有效改善了农业生产经营者与期货市场的联系。

第二节　金融创新视角下的生猪产业链整合与优化

一、生猪"保险＋期货"模式对脱贫攻坚与产业升级的双重驱动

传统农业保险仅关注农户的农产品产量，当产量下降时，保险公司会给予赔偿。然而，当前最大的扰乱农村收入的因素是农产品市场价格的频繁波动，农户无法通过该保险获得对价格波动造成的损失补偿。此外，传统农业保险还面临保险费用过高和农民参保积极性低等问题（图7-1）。

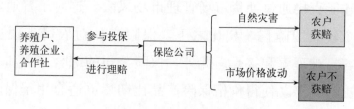

图7-1　传统农业保险

一方面，由于自然灾害往往导致较高的农作物损失率和家畜死亡率，通常农业保险的费率会比一般寿险费率高。保险公司只能通过较高的费率来覆盖成本。然而，这样高的费率使得广大农民难以负担。再加上大多数农民缺乏投保意识，当灾害发生时，农户无法获得充分的保险补偿，进而影响当地农业的恢复和发展。

另一方面，农业保险承保的风险发生概率高、保险公司的赔付率也相对较高。这使得作为商业公司的保险公司不太愿意涉足农村保险，因为保险公司追求利润，但农村保险长期处于亏损状态。同时，专门从事农村保险业务的公司也未能及时进入部分落后的农村开展业务，导致部分农村的保险业务相对萎缩。

二、生猪"保险＋期货"模式在融资优化与政府补贴创新路径中的作用

"保险＋期货"模式是期货业和保险业为解决农户收入保障问题而进行合作探索的一种新模式。在该模式中，保险公司为农户提供生猪等农产品价格保险，而期货公司则为保险公司提供类似于"再保险"的风险转移方案，并在期货市场进行风险对冲。如果生猪出栏时交易价格低于保险价格，则触发保险理赔机制，保险公司向投保农户进行理赔（图 7-2）。

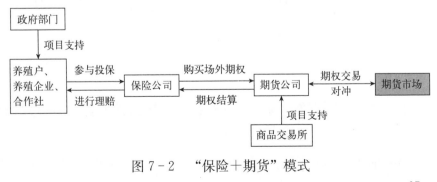

图 7-2　"保险＋期货"模式

一方面，通过这种方式，将生猪价格下跌等市场风险转移至期货市场来承担，有效降低农户在市场价格方面所面临的风险。需要指出的是，"保险＋期货"模式并不是要求农户参与期货交易，而是保险公司将一部分市场风险通过期货公司转移到期货市场的风险转移模式。在政策支持上，自 2016 年开始，中央一号文件连续 7 年提出了"保险＋期货"模式，以加强涉农信贷风险的市场化分担和补偿，充分发挥农业信贷担保的作用。

另一方面，中央政策性养殖险主要赔偿农户因自然灾害和疫病造成的损失。然而，该种保险的保障金额相对较低，无法覆盖养殖全过程。为了应对生猪价格波动风险，更适合使用"期货＋保险"模式。此外，过去对于生猪市场价格较高的情况，应对办法比较多，然而在生猪价格低迷时，可行的解决方案却相对较少。然而，"保险＋期货"模式作为一种全新的应对方式，在低迷时期有效地补充了政策手段。此外，一旦这种模式成熟起来，可以通过调整财政资金的配额比例，以实现类似于政策引导和宏观调控的效果。最后，"保险＋期货"这种方式可以直接触及终端，直接保障农民的利益，使财政资金成为巩固脱贫成果的有力工具。

第三节　金融保障体系在生猪产业中的构建与应用

一、生猪"保险＋期货"项目对地方猪种资源保护的贡献

我国地方猪种质资源丰富，但利用率低下。根据国家生猪产业

技术体系数据，我国拥有 83 个国家地方猪种质资源，其中有 76 个地方品种分布在偏远贫困地区，为了更好地保护地方猪种资源，服务国家乡村振兴战略，需要加强金融支撑，提高地方猪种资源的利用率。为此，多家期货公司共同申报开展陕西省安康市生猪专项项目"大商所农保计划"，并取得立项资格。该项目的投保区域涉及我国著名地方猪种"安康猪"的养殖地区，项目覆盖区域内所有县（区）均为国家级贫困县，其中部分区域在 2021 年列入国家乡村振兴重点帮扶县名单。项目最终实施总保费为 1 250 万元，总保险金额为 3.34 亿元。累计保障生猪出栏数量达 16.67 万头，共有 1 240 批次投保的保户，涉及 7 个合作社和 71 户养殖户。支付的赔款总计为 815.79 万元。

二、生猪"保险＋期货"项目在乡村振兴战略中的应用与影响

通过分期开展的专项生猪项目，为养殖户提供了保底价，使其能够有序调整出栏节奏，合理安排生产经营。在项目实施过程中，期货公司与中国人民财产保险股份有限公司陕西省分公司（简称陕西人保财险）深度合作，积极推动农业农村部与中国建设银行共同开展的"保险贷款直通车"专项创新服务，探索"保险＋期货＋银行"模式。截至 2022 年 11 月，建设银行陕西省分行的农户生产经营贷款余额达到 15.6 亿元，其中"保险贷款直通车"业务授信规模已经实现。

第四节 "保险＋期货"模式的扩展与农业金融创新

一、"保险＋期货"模式在农业金融创新中的应用

对于生猪养殖企业而言，现行经营模式对重资产投入的需求不断增加。土地租赁和厂房建设成本不断上涨，而投产后的资本回报率偏低，需要较长的还款周期。同时，银行对授信审批非常严格，由于过去对租赁土地上建筑物的有效法律保护不足，无法形成有效的抵押物。简单的信用贷款也无法满足企业的经营需求，同时难以提供充足的履约保障。

银行在发放贷款时首要考虑企业的还款能力，以规避履约风险。企业的还款能力主要来自两个方面：首先是企业的经营状况，包括但不限于企业的背景、经营能力、财务状况以及未来发展前景；其次是抵押物。因此，如果能够保障企业的经营状况，银行对于信贷的第一还款来源就会得到保障，从而愿意向企业提供信贷支持。

二、"保险＋期货＋X"模式的探索与实践

"保险＋期货＋X"模式是"保险＋期货"模式的延伸探索，旨在进一步提升农业产业的风险管理能力。通过与银行、资产管理公司等其他金融机构的合作，生猪期货的这一模式可以引入更多的金融工具，如信贷支持、资产管理服务以及融资担保等，为

生猪养殖户和相关企业提供全方位的金融服务保障。通过整合多方资源，该模式不仅能提升生猪产业的抗风险能力，还能推动金融服务的下沉和普惠，为生猪产业的长期稳定和可持续发展注入了新的动力。"保险＋期货＋X"模式的详细介绍将在本书第八章介绍。

第五节　"保险＋期货"模式的改良案例与实践效果

一、"保险＋期货"改良模式的案例研究

我国首单生猪"保险＋期货＋银行"项目已经在广州市花都区落地。该项目由花都区金融局、中国人民财产保险股份有限公司（简称人保财险）、中国建设银行建信期货有限责任公司（简称建信期货）和广州天生卫康食品有限公司（简称天生卫康）共同参与。在该模式下，天生卫康作为生猪养殖企业，向人保财险投保了生猪期货价格保险；人保财险则通过购买被保标的的期权将风险转移给建信期货；建信期货旗下的子公司建信商贸利用期货市场对相应的生猪期货合约进行价格风险对冲；建设银行根据企业的经营情况，在保额范围内为其提供贷款支持，最终实现了从价格风险到融资贷款支持的支农闭环（图7-3）。

二、实践效果与社会经济影响

图7-3的项目所采用的期权标的名称为生猪2109合约，行权

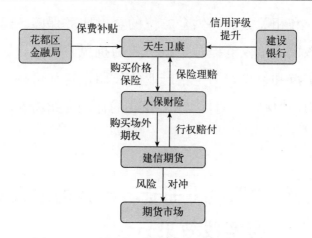

图 7-3 "保险＋期货＋银行"项目流程

价格为 30 000 元/t（可以理解为保底价格），观察期为 2021 年 1 月
8 日至 2021 年 2 月 8 日，结算价格（可以理解为实际的市场价格）
为观察期间标的合约每日收盘价的算数平均值，到期收益金额如
下：（1）当行权价大于结算价格时，赔付额为（行权价－结算价
格）×产品规模；（2）当行权价格小于等于结算价格时，无赔付。企
业交纳了保费后，即可锁定该批产品的售价。最终结算价格为
25 445.91 元，每手合约的赔付金额为（30 000－25 445.91）元/t×16 t＝
72 865.44 元/手，赔付率超过 380％。

第六节　生猪"保险＋期货"项目实施中的挑战与对策

一、生猪"保险＋期货"项目实施中的问题分析

从落地的生猪"保险＋期货"项目来看，保险费的补贴方式存

在差异，有些由政府承担一部分，而另一些则由养殖企业全额负担，导致保险费在一些地区偏高，从而导致生猪"保险＋期货"项目在不同地区的推广程度存在巨大差异。为了提高生猪养殖企业参与生猪"保险＋期货"的意愿并减少其购买保险所增加的经营成本，政府应该从农业补贴政策入手，将其落实到生猪"保险＋期货"项目中。此外，政府的支持还可以为参与项目的企业提供信用背书，从而推动银行信贷的支持。

此外，生猪"保险＋期货"项目还面临其他挑战，例如养殖户对期货交易了解不足，对生猪"保险＋期货"模式的接受程度较低。养殖户是该项目的重要主体，因此保险公司和期货公司应该加大对目标人群的推广与宣传。

二、提升生猪"保险＋期货"项目效果的策略和建议

从目前生猪"保险＋期货"的成功案例来看，生猪"保险＋期货"不仅可以减少生猪价格波动带来的风险，给养殖户提供强有力的支持，而且也是转移生猪市场风险的绝佳方法。在全国各地，生猪"保险＋期货"模式在快速推广。尽管还存在一些问题，如覆盖面不全、保障水平较低以及生猪保险业务工作的难度大、缺乏专业保险人才等，但发展生猪"保险＋期货"模式已成为生猪产业发展的必由之路。为了促进我国生猪"保险＋期货"的发展，应从多个方面采取对策。政府方面应提高中央财政保费补贴比例，降低或取消县级财政配套补贴，以缓解基层的财政压力，并激发养殖户对生猪价格保险的需求，增加其积极性。在市场方面，应加大生猪"保险＋期货"的宣传力度，扩大覆盖范围。此外，应尽早建立生猪价格预警监测系统，利用生猪期货市场的价格发现功能，编制合理的

生猪价格指数，进一步促进生猪价格保险的科学化、规范化和可持续发展。最后，市场应完善生猪保险监测体系，为生猪"保险＋期货"的健康发展提供保障。

第八章

生猪产业"保险＋期货＋银行"融合金融创新模式：现状、挑战与前景

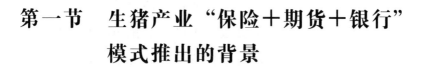

第一节　生猪产业"保险＋期货＋银行"模式推出的背景

在整个生猪产业链面临着较大的经营压力和风险管控压力的背景下，传统的风险管理工具已无法充分应对复杂的市场环境，产业链各端亟须探索更加全面且高效的金融创新模式。

生猪产业的"保险＋期货＋银行"模式，是对"保险＋期货"模式的进一步延伸与创新。在该模式下，期货市场通过价格发现和风险对冲功能，帮助养殖户锁定未来生猪价格，而保险则为养殖户提供了额外的保障，防范因自然灾害或疫病引起的生猪损失。尽管"保险＋期货"模式已在一定程度上缓解了市场风险，但由于养殖户普遍面临融资难的问题，单靠保险和期货仍不足以全面覆盖产业链的资金需求。因此，引入银行等金融机构作为"第三方"力量，通过提供信贷支持和融资服务，帮助养殖户解决资金周转问题，从

而增强该模式的整体效能。

第二节 "保险＋期货＋银行"模式的
市场需求

随着生猪产业规模化、集约化的发展，养殖户和企业面临的市场环境愈加复杂，价格波动、疫病风险、资金链断裂等问题日益突出，传统的金融工具和单一的风险管理手段已无法满足产业链的需求。

在当前的经济环境下，"保险＋期货＋银行"模式的市场需求分析显得尤为重要。据国家生猪产业技术体系产业经济研究室的深入调研，中小民营企业在融资过程中遭遇了重重障碍。高企的附加费用、繁复的中间环节以及对抵押资产的高要求，构成了中小民企难以逾越的门槛，使得它们普遍难以从传统银行渠道获得必要的融资支持。即便在少数情况下，中小民企能够成功获得融资，他们也时刻面临着银行因察觉到经营困难而迅速抽回贷款的风险，这种突然的资金链断裂，无疑会给企业带来致命的打击。面对这种严峻的融资环境问题，一些中小企业不得不转向民间借贷，以高利率为代价获取资金。年利率高达25％以上的民间借贷，不仅极大地增加了企业的财务成本，也进一步加剧了企业经营的风险，限制了它们的发展步伐。

这种融资难、融资贵的问题，不仅对单个企业的发展构成了严重威胁，也对整个生猪产业的产能稳定和市场健康发展带来了不利影响。为了防止因资金问题导致的大量中小养猪户退出市场，从而引发市场价格的剧烈波动，迫切需要创新一种专为中小养猪户设计的信贷融资模式。银行的介入可以为养殖户提供必要的信贷支持，使其能够更灵活地应对市场波动，维持正常生产经营。但银行在对中小养猪企业的贷款审批过程中表现出的审慎态度，主要是对这类企业经营风险的担忧。生猪价格的波动、疫情的暴发等不确定因素，都可能导致贷款无法回收，给银行带来损失。因此，探索利用期货市场的风险转移功能，创新融资模式，对于缓解中小养猪户的融资困境，具有重要的现实意义。

通过"保险＋期货＋银行"的模式，中小养猪企业可以通过购买生猪价格或收入保险产品，来降低因市场价格波动带来的风险。保险公司通过购买期货公司的看跌期权进行再保险，期货公司则在期货市场进行风险对冲，形成风险分散和转移的闭环。这样，即使面临生猪价格下跌或疫情等不可预见因素，中小养猪企业也能够通过保险赔付来保障银行贷款的安全回收，从而降低了银行的贷款风险，提高了融资的可行性。随着生猪养殖规模的扩大和产业链的延伸，屠宰企业、饲料供应商等也面临资金周转压力。在"保险＋期货＋银行"模式下，银行可以结合期货市场的价格信号，精准评估养殖户和相关企业的信用风险，提供定制化的信贷服务，满足其流动资金需求。同时，银行与保险、期货公司合作，还可以设计出针对性更强的金融产品，帮助企业通过融资担保和期货套保，有效降低融资成本。

此外，地方政府和政策制定者也希望通过这一模式，推动生猪产业的健康发展，确保市场供应的稳定。"保险＋期货＋银行"模式不仅有助于提高养殖户的抗风险能力，也能够促进产业的规范化和现代化发展，符合国家推进农村金融创新、支持农业发展的政策方向。政府的角色在这一模式中至关重要。通过推动相关农业保险补贴政策，覆盖生猪"保险＋期货＋银行"项目，可以有效提升各参与方的积极性，降低企业的融资成本，促进生猪产业的稳定发展。同时，银行也需要不断创新服务模式，拓宽保障范围，为中小养猪企业提供更加全面和灵活的金融服务。

第三节　"保险＋期货＋银行"模式的运作机理探索

在"保险＋期货＋银行"模式中，银行、保险公司和期货市场的合作为养殖企业提供了更稳健的融资和风险保障路径。该模式的核心运作机制在于通过保险产品为银行贷款增信，降低银行贷款的风险敞口，并通过期货市场实现价格风险的有效对冲。

在申请银行贷款时，养殖企业需先购买生猪价格或收入保险，以获得风险保障。当市场价格下跌影响企业收入时，保险公司按约定标准补偿企业，作为银行贷款的增信保障。银行在获得保险赔付承诺后才批准贷款，以确保即使市场波动带来损失，贷款也能顺利回收。

此外，为进一步分散风险，企业可以同时利用期货市场，通过期货合约锁定未来的生猪销售价格，降低价格波动对经营收益的影响。若市场价格下跌至保险赔付条件之下，保险公司会先行赔付给银行，以此偿还企业的贷款，确保银行不因市场波动而遭受资金损失。这一机制在整合银行、保险和期货三方功能的同时，构建了一个多层次的风险防控体系，不仅提升了银行放贷的安全性，也增强了养殖企业应对价格波动的能力，实现了资金与风险管理的双重保障（图8-1）。

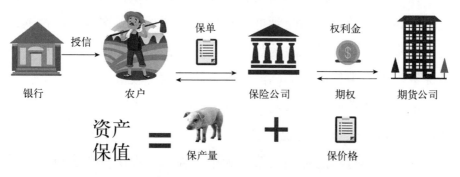

图 8-1　"保险＋期货＋银行"模式的运行机制

从保险公司的风险转移角度来看，保险公司从期货公司买入被保标的的看跌期权进行二次保险，与此同时期货公司通过在期货市场交易转移和对冲市场价格风险。当保险期内保险标的的平均价格低于保险约定赔付价格时，按照保险合同，养猪企业通过保险公司获得资金赔付，保险公司再找期货公司要求期权卖方对保险公司进行资金赔付。这里期货公司的职责是发挥专业能力帮助保险公司选择相关期货衍生产品。

第四节　"保险＋期货＋银行"模式的挑战与展望

当前，"保险＋期货＋银行"模式在推广过程中面临多重阻碍。首先，对于中小养殖户而言，由于生猪期货市场刚刚建立，期权定价缺乏充足的数据支撑，导致保险公司从期货公司获得风险对冲的费用偏高，这些成本最终转嫁到农户身上，增加了他们的负担，使许多中小养殖户难以承受。这种高成本限制了中小养殖户参与该模式的意愿，阻碍了项目的普及。

其次，从金融机构的角度看，保险公司和银行的参与热情也因风险较高和补贴不足而受到抑制。保险公司承担二次风险对冲的高费用，降低了其提供保险的盈利空间；而银行则在缺乏有效增信的情况下，担心生猪市场的高波动性，贷款意愿较低。

最后，从政府层面来看，缺乏专项的农业保险补贴政策支持，使这一创新模式难以实现可持续推广。若政府能够出台针对"保险＋期货＋银行"的补贴政策，为中小养殖户提供资金支持，并鼓励金融机构参与，不仅可显著降低养殖户的经济压力，还能推动保险公司和银行的积极参与，形成多方共赢，促进生猪产业的稳定发展。

从银行的角度来看，虽然银行无须承担买入期货衍生产品的金融风险，但"保险＋期货＋银行"模式只能规避养猪企业未来因为市场价格波动造成的还贷风险，对非价格因素造成的还贷风险暂时还无法保障，比如生猪发生疫病对生猪企业造成的经营困境无力偿还贷款情况。

综合来看，生猪"保险＋期货＋银行"模式是一个创新的尝试，无论是对生猪企业，还是对银行、保险、期货等金融公司都是一个新型的业务合作模式，对政府而言，这种模式能够对我国生猪产业的产能和价格维稳是未来最大的期待和目标。

第九章

"资管＋期货＋保险＋订单企业"融合模式：生猪产业金融创新路径探索

第一节　我国生猪期货及衍生产品的创新发展

生猪期货的上市，不仅仅能够为市场提供公开、透明、连续的市场价格参考，更为整个产业提供了包括套期保值、"保险＋期货"、期货转现货等多种规避价格风险、稳定生产利润的风险管理模式。

作为生猪市场风险对冲工具，生猪期货合约具有发现价格、规避风险的功能，帮助生猪生产者通过期货交易行情及时了解未来的生猪市场价格走势，合理调整养殖规模和饲养周期，进而降低市场波动带来的风险。同时也可以帮助猪肉加工企业减轻由于生猪价格的波动带来的成本压力。

生猪养殖企业可以运用生猪期货进行套期保值，用市场手段平滑价格波动，锁定成本、稳住利润，抵御生猪价格大幅度涨跌给企业带来的负面影响。但是能够直接参与生猪期货交割的生猪养殖企业需要一定的条件。生猪期货的每手交易量是 16 t，交易生猪的均重要求在 100～120 kg 之间，参与交割的生猪养殖企业目前只能是规模化养殖企业，因为这些条件对小规模散养户来说是一个巨大的门槛。针对小规模散养户，期货行业探索创新出了"保险＋期货"模式，有效地解决了小规模散养户无法直接利用生猪期货交割来抵御价格风险问题。"保险＋期货"，是指养猪户为规避生猪价格风险向保险公司购买的一种保险产品，同时保险公司利用期货市场分散部分价格风险。从总体来讲，我国生猪生产领域较为传统，生猪生产者运用现代金融产品工具防范化解风险意识较低，参与程度不高。通过调研发现，尤其是中小散养户对生猪"保险＋期货"模式的信任程度较低，同时保险费用较高，绝大多数中小散养户难以接受。

针对生猪保险＋期货模式推广缓慢这一现状，在"保险＋期货"模式基础之上，部分学者以及期货公司相继提出了生猪"保险＋期货＋银行"的创新金融模式。并且，在 2021 年下半年，在生猪价格的低迷、养殖成本高昂的市场环境下，特别是中小养殖户的经营发展极其困难，其中遇到的最大困难是"贷款难、贷款贵"问题。鉴于此，银行也积极参与到"保险＋期货"业务中来。"保险＋期货＋银行"创新模式的基本运行机制是银行针对需要申请银行贷款的养猪企业，首先要求企业找保险公司购买有关的生猪价格保险或者收入保险产品，在得到了保险公司赔付保证的前提下，银行再向申请贷款的养猪企业发放贷款。后期一旦生猪价格下跌导致企业无力偿付贷款，保险公司将原本应该赔付给生猪企业的保险赔款优先赔付给银行作为抵押款，从而保证银行的贷款及时收回。

由于我国生猪期货刚上市，相关交易数据的总量相对较少，期权定价难度大，造成保险公司从期货公司进行二次保险的费用偏高，并且这个费用最终由生猪养殖企业负担。如果能够从政府层面来推动相关农业保险补贴政策落实到生猪"保险＋期货＋银行"项目上，进而提高生猪养殖企业、保险公司以及银行参与生猪"保险＋期货＋银行"的意愿，这样最终将会降低生猪养殖企业参与"保险＋期货＋银行"项目所负担的费用。保险公司以及期货公司应该顺应我国生猪市场的变化，对生猪产业的金融保险模式进行进一步的创新，提供更加符合我国生猪产业链企业需求的金融产品。

第二节 "资管＋期货＋保险＋订单企业"创新金融模式的需求分析

我国的生猪产业的产业链模式在不断发生转变，在这一形势下，我国的生猪期货及其衍生产业的发展也应有一定的转变来适应不断变化的我国生猪产业。2022年1月3日，我国最大的生猪生产企业牧原食品股份有限公司和我国最大的猪肉加工企业河南双汇投资发展股份有限公司（简称双汇集团）共同发布公告称，双方于2022年1月1日在河南省漯河市签订《双汇牧原战略合作框架协议》，开展生猪点对点直供，双汇集团开辟绿色通道，实行全天24 h、优先收购牧原股份直供生猪。双方合作砍掉的是中间商和猪经纪人，均减少了销售费用。双方共同发挥双汇集团生猪屠宰和牧原股份公司生猪养殖优势，建立供应链合作机制（图9-1）。

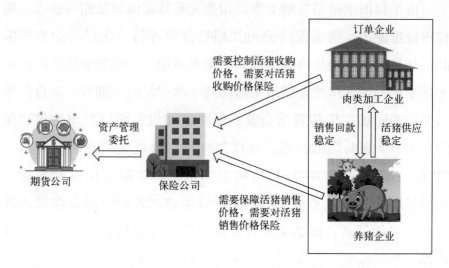

图 9-1 "资管＋期货＋保险＋订单企业"创新金融模式的运行机制

顺应国家从"调猪"向"调肉"转型的行业趋势，类似"牧原-双汇"的产业链合作机制今后有很大的可能在我国生猪养殖企业和猪肉加工企业之间展开。砍掉了中间商，所以相关销售费用以及生产成本将有所减少，进而促进整个产业链效率的提升。既然生猪产业链的模式发生了变化，那么相应的生猪期货衍生产品也应适应新的变化而做出调整。

以"牧原-双汇"这种产业链合作模式为例，肉类加工企业得到了生猪供应的保障，养猪企业在生猪销售上得到了保障，那么影响肉类加工企业以及养猪企业利润的主要因素就是生猪的市场价格波动了。生猪价格高，肉类加工企业的利润将被压缩，反之生猪价格低，养猪企业的利润将有所减少。肉类加工企业需要的保险是在生猪价格较高的时候能够得到补偿（希望生猪价格在某一特定价格段位以下波动），而养猪企业需要的保险则是在生猪价格较低的时候能够得到补偿（希望生猪价格在某一特定价格段位以上波动）。这时候原有的生猪"期货＋保险"模式就不适合市场的需求了，所以"资管＋期货＋保险＋订单企业"创新金融模式的概念更加适合未来在产业链合作形势下开展。

在"资管＋期货＋保险＋订单企业"模式下，保险公司与期货公司之间的专攻与合作的机制更加地合理。保险公司可以集中资源用于在生猪价格保险业务的拓展上，而期货公司可以集中资源在期货资产管理上发力。也就是说在这种模式下，期货公司的工作并不是以场外期权的买卖来对生猪市场价格的风险进行对冲，而是对保险公司的委托资产进行经营运作以确保资产的增值。

第三节 "资管＋期货＋保险＋订单企业" 模式的现实意义

期货资产管理业务（简称期货资管）是指期货公司按照合同约定的方式对客户资产进行经营运作，为客户提供期货及其他金融衍生产品的投资管理服务的行为。

在相关的政策支持上，《期货公司资产管理业务试点办法》2012年9月开始实施，一共有18家期货公司获得了资产管理业务首批试点资格。2014年12月，《期货公司资产管理业务管理规则（试行）》正式开始实施，其中第三条明确规定"期货公司及子公司从事资产管理业务包括为单一客户办理资产管理业务和为特定多个客户办理资产管理业务"，由此期货公司资产管理"一对多"业务的正式放开。相关法律的实施使得"资管＋期货＋保险＋订单企业"创新金融模式具有了实施可能的现实意义。

从另一个角度来讲，期货资管业务的相关法律的实施也反映出在近几年我国期货市场得到了健康稳定的发展下，我国期货公司的竞争力和综合服务能力也得到了大幅提升，实体经济和资本市场对风险管理与风险投资需求增加，这为"资管＋期货＋保险＋订单企业"创新金融模式打下了坚实的基础。

第四节　政策导向与前瞻性发展：构建生猪产业金融创新生态

在当前生猪产业的转型与升级过程中，"资管＋期货＋保险＋订单企业"模式的提出标志着我国在金融创新领域的一次重要尝试。这一模式不仅响应了产业需求的演变，而且对于完善我国生猪产业的金融体系具有深远的意义。面对这一变革，创新已成为推动生猪期货及其衍生产品发展的核心动力，期货公司必须将创新置于战略发展的首位。

一、持续推动金融产品创新

创新是生猪期货市场发展的不竭动力。期货公司需要不断探索和开发新的金融工具和解决方案，以适应市场参与者多样化的风险管理需求。这包括但不限于设计更加灵活的期货合约、开发与生猪产业特性紧密结合的衍生产品，以及利用现代信息技术提升交易效率和风险控制能力。

二、完善期货资管行业规范

随着期货资管业务的快速发展，一些行业问题逐渐显现，如过度追求规模扩张而忽视业务质量、创新能力不足等。因此，制定和完善行业规范，引导期货资管业务健康有序发展显得尤为重要。这需要监管机构、行业协会和市场参与者共同努力，建立一套科学、合理的业务评价体系和风险控制机制。

三、加强创新型人才培养

人才是推动行业发展的关键。面对我国生猪产业的特殊性，需要培养一批既懂期货市场运作，又熟悉生猪产业特点的创新型人才。这要求高等教育机构和科研院所加强与期货行业的合作，优化课程设置，增加实践教学环节，培养具有国际视野和创新能力的期货专业人才。

四、政策支持与激励机制

政府在推动生猪产业金融创新中扮演着重要角色。通过制定相应的政策措施，为金融创新提供良好的外部环境。这包括提供税收优惠、资金支持、政策咨询等，激励期货公司和相关机构加大研发投入，推动金融产品与服务的创新。

五、构建合作共赢的产业生态

构建合作共赢的产业生态，是生猪产业金融创新成功的关键，需要产业链各方协同努力。

首先，建立风险共担与利益共享机制。期货公司和保险公司应通过设立联合风险基金，分担极端市场条件下的赔付责任，以降低个别机构的风险暴露。同时，建立利益共享机制，如对参与"保险＋期货＋银行"模式的中小养殖户提供折扣或补贴，激励他们使用期货和保险工具。这种共担和共享机制将增强全产业链的风险管理效果，提高参与方的积极性。

其次，构建数据共享与信息透明平台。产业链各方需建立统一的数据共享平台，提升信息的透明度和流动性。通过平台共享市场价格、供需数据及政策信息，期货公司和保险公司可以优化定价和风险管理策略；订单企业则能依据市场动态调整采购与库存计划。政府在该平台上提供政策指引，帮助各方及时获取信息，降低市场不确定性。

最后，加强政府政策支持与法律保障。政府在金融创新生态构建中扮演重要角色，应通过补贴和税收优惠，降低金融机构的运作成本，鼓励保险公司和银行的广泛参与。同时，政府需建立相关法律框架，规范数据隐私、市场操控等问题，为"保险＋期货＋银行"模式的推广创造良好环境。这些支持将进一步推动生猪产业链的稳健发展。

第十章

生猪期货交易的注意事项分析

生猪期货是一种金融衍生品，其合约标的物为活猪。在生猪期货市场中，养殖企业、屠宰企业、肉类加工企业、贸易商和投资者是主要参与者。通过期货市场，参与者可以在未来约定的时间以特定价格买卖生猪，以规避价格波动的风险。随着中国农业现代化的推进和市场化改革的深入，生猪期货交易逐渐成为农产品市场中不可或缺的一部分。然而，这种交易形式存在较大风险，投资者在进行生猪期货交易之前必须了解和掌握一些重要的注意事项，以确保交易的顺利进行和投资收益的最大化。本章从多个角度分析生猪期货交易的注意事项，包括合约选择、市场分析和风险管理等。

第一节　生猪期货交易规则

在进行生猪期货交易之前，养殖企业以及投资者应该对合约进行选择。这种选择应该综合考虑合约品种、交易规则以及交易成本等因素。

一、活体实物交割

生猪期货合约内容见表 10-1。

表 10-1　生猪期货合约内容

合约条款	规则详细
交易品种	生猪
交易单位	16 t/手
报价单位	元（人民币）/t
最小变动价位	5 元/t
涨跌停板幅度	上一交易日结算价的 4%
合约月份	1、3、5、7、9、11 月
交易时间	每周一至周五上午 9:00—11:30，下午 1:30—3:00，以及交易所规定的其他时间
最后交易日	合约月份倒数第 4 个交易日
最后交割日	最后交易日后第 3 个交易日
交割等级	生猪交割质量标准（F/DCE LH001—2021）
交割地点	生猪指定交割仓库、指定车板交割场所
最低交易保证金	合约价值的 5%
交割方式	实物交割
交易代码	LH
上市交易所	大连商品交易所

数据来源：大连商品交易所。

生猪期货合约的标的是生猪。生猪作为我国最大的畜牧品种，在国家粮食安全保障中扮演着重要角色，形象地体现了"猪粮安天下"的含义。与美国不同，我国采用活体实物交割方式。这主要是因为我国生猪产业的规模化水平与美国 20 世纪 80 年代相当，并且近些年规模化和标准化发展较快，生猪活体贸易非常活跃。在生猪出栏环节，我国约 90% 的生猪销售通过中间贸易商完成，因此采用活猪定价成为行业通行的做法，比较而言，胴体的定价体系还没有普及。从目前我国生猪产业发展现状来看，上市生猪活体期货品种是最适宜的选择。

二、生猪期货交割质量标准

生猪期货交割个体的质量标准可以分为外观、平均体重、单体体重三个维度进行设置，具体质量标准如表 10-2 所示。

表 10-2　生猪期货标准品质要求

项目	质量标准
外观	1. 具有瘦肉型猪的体型外貌；2. 行走自然；3. 无疝气；4. 体表无脓包或肿块；5. 无异常喘息特征
平均体重/kg	100～120
单体体重/kg	90～140

数据来源：大连商品交易所。

生猪期货交割遵循现货贸易习惯，生猪期货交割标准品要求出栏生猪应具有瘦肉型猪的体型外貌、行走自然、无疝气、体表无脓包或肿块，并且没有异常喘息特征。若发现行走不自然或有疝气、肿块等问题，将按照现货市场的惯例进行升贴水扣价（表 10-3）。

表 10-3　生猪期货质量升贴水扣价情况

项目	允许范围	升贴水
外观	行走不自然或有疝气	扣价 100 元/头
	体表有脓包或肿块	扣价 50 元/头

（续）

项目	允许范围	升贴水
	120～130	扣价 0 元/t
平均体重/kg	130～140	扣价 600 元/t
	＞140	扣价 1 000 元/t
	140～150	扣价 0 元/头
单体体重/kg	＞150	扣价 200 元/头
	＜90	扣价 1 000 元/头

由于非洲猪瘟爆发后我国生猪紧缺，无论是大规模猪企还是中小养殖户，为增加收益选择延迟生猪出栏时间，以增加生猪体重、提升出栏单头猪的重量。通过增加生猪饲养周期和体重来提高单头生猪的出栏价值，以此弥补减少的出栏量损失，导致出栏生猪体重增加。因此，对于部分大体重的生猪，质量升贴水幅度略微放宽。其中，平均体重在 120～130 kg、单体体重 140～150 kg 的交割生猪贴水幅度放宽至 0 元/t。而平均体重 130 kg 以上、单体体重 150 kg 以上的交割生猪贴水幅度根据现货市场情况进行相应调整。未来将根据我国现货市场发展情况，对生猪期货交割质量升贴水进行调整。

三、交易单位设置为 16 t/手

合约交易单位是可以进行期货交易的最小数量。交易单位设置为 16 t/手，约合 130 头生猪，一个交易单位基本是主流运猪车一车的运输量。按照出栏生猪约 25 000 元/t 的价格计算，1 手合约的价值约为 400 000 元，按照 5% 的保证金比例计算，保证金约 20 000 元。将生猪期货交易单位设置为 16 t/手，大小适合生猪现货贸易习惯和运输需要，且合约规模大小适中，也比较适合养殖企业参与。

四、最小变动价位为 4%

一般月份的生猪期货价格涨跌停板幅度的限制为上一交易日结算价的 4%，交割月份的涨跌停板幅度的限制则是 6%。根据现阶段生猪现货市场价格实际波动情况，设定生猪期货的涨跌停板为 4%，这个幅度可以覆盖绝大部分生猪价格的每日波动范围，交割月份的涨跌停板幅度的限制是上一交易日结算价的 6%，这个限制幅度是参考其他已经上市的期货品种设定的。

五、合约月份

生猪是玉米和豆粕的直接下游产品，与玉米、豆粕品种形成完整闭合的上下游产业链条。大商所玉米合约月份为 1、3、5、7、9、11 月合约，豆粕合约月份为 1、3、5、7、8、9、11、12 月。而生猪期货合约月份的设置与玉米、豆粕等合约月份大致相同，具体合约月份为 1、3、5、7、9、11 月。将生猪期货合约的月份设定与玉米、豆粕期货合约相近，这样可以方便生猪养殖企业对生猪养殖的上下游进行全产业链的套期保值，形成风险管理闭合链条。此外，为保证期货合约连续性，向市场提供连续的价格参考，对 7 月合约实施较为严格的风控措施。

第二节　生猪期货的实物交割

生猪期货按照交割流程可以分为每日选择交割、一次性交割、和"期转现"交割，按照交割地点可划分为车板交割与仓单交割。买方可以与交割仓库或卖方协商交收方式，包括协议提货地点和白条猪肉交收。

一、按照交割流程可以分为每日选择交割、一次性交割、和"期转现"交割

与工业品不同，达到出栏体重的生猪无法继续饲养、存储。生猪体重超过 120 kg 后，生猪的肥膘生长速度加快，瘦肉率降低，需要尽快销售。生猪期货通常实行每日选择交割制度。在最后交易日之前，卖方可以发起多次交割，未平仓的合约在最后交易日进行一次性交割，以了结当月合约剩余持仓。每日选择实物交割，既可以采用标准仓单交割也可以采用车板交割，而一次性交割只能采用标准仓单交割的方式。

除了以上两种交割方式，还有"期转现"交割方式。"期转现"是指拥有同一交割月份合约的生猪期货交易双方通过协商的形式达成现货买卖协议，并按照协议价格进行贷款和实物的交换。"期转现"有降低交割成本、灵活选择交货品级和地点、提高资金利用效率等特点。目前生猪期货仅允许非标准仓单"期转现"。

二、按照交割地点可划分为车板交割与仓单交割（非标准仓单交割和标准仓单交割）

按交割地点划分，生猪期货的交割方式包括三种：非标准仓单交割（对应"期转现"交割）、车板交割（对应每日选择交割）、标准仓单交割（对应每日选择交割和一次性交割），如表 10-4 所示。

表 10 - 4　生猪期货的交割方式

特点与适用仓单	每日选择交割	一次性交割	期转现交割
特点	在最后交易日之前，由卖方发起多次交割	最后交易日后，所有未平仓的生猪合约持有者进行一次性交割	拥有同一交割月份合约的生猪期货交易双方通过协商的形式达成现货买卖协议，并按照协议价格进行货款和实物的交换
适用仓单	车板交割与仓单交割	仓单交割	非标准仓单

首先，非标准仓单"期转现"交割是指交易所不负责货物交收和货款支付，而由买卖双方自行约定交割地点和标准品质。其次，车板交割方式是卖方在交易所指定车板交割场所将货物装载至买方车板的交割模式。车板交割的特点是高效，买方提前 1～2 d 通知养殖企业准备出栏，出栏后当天运输到屠宰企业，无须中间仓储环节，整个贸易过程只需 2～3 d。第三种交割方式是标准仓单交割，是生猪期货中最常见的交割方式。根据期货商品存放地点的不同，标准仓单分为仓库标准仓单和厂库标准仓单。而生猪期货只有厂库标准仓单，因此生猪期货商品的存放/交割地点为厂库。

第三节　生猪期货交易的风险类型

生猪期货交易的风险主要来自现货市场，现货价格的剧烈波动会引发期货价格的大幅波动。此外，生猪期货市场还存在其他风险，如信用风险、流动性风险、操作风险和法律风险。为降低这些风险的发生，投资者需要加强风险管理和相关部门的合规监管，增强风险意识和防范能力。只有这样，生猪期货市场才能更好地发挥价格发现和风险管理的功能，为参与者提供更稳定和可靠的交易环境。

一、市场风险

市场风险是指持有的期货合约价值因价格波动而发生变化的风险。生猪期货市场的价格受到供需关系、政策调控、自然灾害等多种因素的影响，因此价格变动频繁且剧烈。这种价格变化不仅直接影响期货合约的价值，还会引发投资者情绪波动，进而影响投资者决策和市场整体风险。

二、信用风险

信用风险是指交易对方未能履行合约责任而造成的风险。在生猪期货市场中，交易双方在合约中约定了买卖生猪期货的义务和权益，但如果交易对手无法按时履约，将给投资者带来损失。因此，投资者需要充分评估交易对手的信用状况，以减少信用风险的发生。

三、流动性风险

流动性风险包括流通量风险和资金量风险。流通量风险是指期货合约无法以合理价格建立的风险，这种风险在市场状况急剧走向某个极端时容易产生。生猪期货市场的交易量相对较小，市场深度较低，因此在市场剧烈波动时，买卖双方可能难以快速找到合适的交易对手，从而导致流通量风险的出现。资金量风险是指投资者资金链断裂，无法满足保证金要求时，面临的强制平仓的风险。如果投资者未能及时补充资金，可能被迫平仓，导致损失。

四、操作风险

操作风险是指由于信息系统或内部控制机制的缺陷而造成意外损失的可能性。在生猪期货市场中，投资者在交易时需使用交易系统和软件。如果交易系统存在漏洞，或投资者在交易过程中出现操作失误，将导致意外损失。因此，投资者需要加强对交易系统和操作流程的风险管理，以减少操作风险。

五、法律风险

法律风险是指在期货交易中，由于相关行为与法规发生冲突而无法获得预期经济效果甚至蒙受损失的风险。在生猪期货市场中，投资者需遵守交易所规则和监管机构要求，否则将面临法律责任。此外，生猪期货市场的合约性质和法律地位也会对投资者权益产生重要影响。因此，投资者需深入了解相关法律法规，并严格遵守。

第四节　生猪期货市场的风险防控

一、把握生猪现货市场的发展趋势

把握生猪现货市场的发展趋势是参与生猪期货交易的基础，投资者需重点关注猪周期、季节性波动、饲料成本以及突发事件的影响。猪周期大致每3～4年一轮回，了解周期变化有助于预测长期价格走势；季节性波动则主要在春节前后和气候变化时更为显著，而突发疫情（如非洲猪瘟）会导致短期价格剧烈波动，因此密切关注市场预警信息十分关键。此外，饲料价格（如玉米和豆粕）直接影响养殖成本，跟踪饲料市场的波动可帮助预判生猪价格变动趋势。通过全面掌握这些因素，投资者可以更准确地制定期货交易策略，规避市场风险。

二、遵守风险管理制度

生猪期货市场的参与者必须遵守期货交易所和期货经纪公司制定的风险管理制度。这些制度包括但不限于保证金管理、交易限制和风险警示等要求。只有遵守这些制度，才能有效控制风险。

三、合理控制投资规模

参与生猪期货市场的投资者必须合理控制投资规模，确保投资资金的合法性和适度性。根据个人风险承受能力和资金状况，合理控制投资规模。同时，注意持仓比例和交易频率等因素，以确保投资组合的稳定性。

四、制定合理的交易策略和计划

参与生猪期货交易的投资者应制定合理的交易策略和计划。交易策略包括选择适合自己的交易品种、确定交易方向、设置合理的持仓比例和制定明确的止损和止盈点位等。交易计划应具体明确，有助于投资者更好地控制风险。

五、企业套期保值的风险控制

对于生猪养殖企业等相关企业而言，套期保值是有效控制价格风险的重要手段。为了进行有效的套期保值，企业需要建立严格的规章制度和风险控制流程。同时，在进行套期保值时，需确保期货与现货相匹配，以确保套期保值的有效性。

第十一章

生猪期货市场发展
趋势及对策

随着当前全球经济一体化和金融市场的全面发展，生猪期货市场作为重要的风险管理工具，正越来越受到投资者和养猪企业的关注。中国养猪业长期以来一直受到"猪周期"的困扰，然而自2021年1月8日大连商品交易所挂牌生猪期货以来，养猪业终于获得了新的风险管理工具。近年来，中国的生猪期货市场迅速发展，但也面临着一些问题和挑战。

作为风险管理的重要工具，生猪期货市场对于养殖企业和投资者具有重要意义。中国的生猪期货市场金融化程度逐渐提高，生猪期货价格与实际生猪现货交易价格之间的计量经济学协调性增强，为生猪行业提供了新的运作机制，也为市场参与者提供了更多选择。然而，生猪期货市场也面临着许多问题和挑战，如价格波动风险和产业链条分割不利等，这些问题潜在地影响着市场的稳定性和健康发展。

生猪现货市场为期货市场的发展打下了基础。然而，在生产、流通、贸易等领域，现货市场仍存在一些问题和不足。为了提升市场的健康发展水平，市场参与者需要进一步完善风险管理体系，加强市场交流与协作。此外，对于大部分生猪行业从业者而言，生猪期货仍然相对陌生，这种低认知度不利于生猪期货的健康发展。因此，本章将探讨生猪期货的发展历史、我国生猪期货合约的特点以及上市后的经营状况等问题，并分析生猪期货如何为实体产业提供服务。

第一节　生猪期货市场的战略背景与发展路径

一、市场发展的战略背景

猪肉作为中国肉类消费的主导产品，其消费量占比超过肉类总消费量的一半，而中国生猪产量也在全球市场中占据着举足轻重的地位，占比超过 50％的份额。这不仅凸显了养猪业在国家粮食安全战略中的核心作用，也反映了其在国民经济中的重要地位。然而，"猪周期"的周期性波动给养猪业带来了巨大的不稳定性，价格的剧烈波动严重制约了行业的平稳发展。尽管行业正逐步向规模化、集团化转型，中小养殖企业和养殖户作为行业的基石，其整体抗风险能力仍然较弱，亟须有效的风险管理工具来应对市场的不确定性。

二、生猪期货市场的深远意义

生猪期货市场的建立为中国生猪产业的长期稳定与可持续发展注入了重要动力，不仅为养殖企业、屠宰企业和投资者提供了风险管理和价格发现的平台，也通过市场化机制促进了生猪产业的现代化。随着金融化程度的提升，生猪期货价格与现货价格之间的计量经济学协整性逐渐增强，使得期货市场的价格信号更加可靠，逐步成为现货市场的重要参考。这种协同作用为生猪产业带来了新的运作机制，不仅丰富了市场参与者的风险管理手段，还提升了整个行业的透明度和市场效率。

在全球经济一体化和金融市场不断发展的背景下，生猪期货作为关键的风险管理工具，正逐渐成为国内外投资者和生猪养殖企业关注的焦点。自 2021 年 1 月 8 日大连商品交易所正式挂牌生猪期货以来，这一市场迅速发展，为养猪业提供了应对价格波动风险的有效工具。同时，生猪期货的推出推动了产业链各环节的规范化发展，有助于提升中国在全球生猪市场中的话语权。尽管面临价格波动、产业链分割等挑战，但通过政策支持、行业协作和市场创新，生猪期货市场的深远意义将进一步显现，成为推动中国生猪产业升级的关键力量。

三、现货市场与期货市场的协同发展

生猪现货市场为期货市场的发展奠定了坚实的基础。然而，在生产、流通、贸易等环节，现货市场仍存在诸多问题和不足，如信息不对称、价格传导机制不畅等。为了提升市场的健康发展水平，市场参与者需要进一步完善风险管理体系，加强市场交流与协作，构建一个更加透明、高效的市场环境。

四、提升行业认知度与参与度

对于广大生猪行业从业者而言，生猪期货仍然是一项相对陌生的金融工具。这种低认知度不利于生猪期货市场的健康发展。因此，提高行业内外对生猪期货的认知度，加强教育培训，是推动市场发展的重要一环。通过深入分析生猪期货的发展历史、合约特点以及上市后的经营状况，我们可以更好地理解生猪期货如何为实体产业提供服务，如何帮助企业和投资者有效管理价格风险。

生猪期货市场的健康发展对于整个生猪产业乃至国家经济都具有重要的战略意义。通过不断创新和完善市场机制，加强行业内外的交流与合作，提升市场参与者的认知度和参与度，生猪期货市场将为我国养猪业的稳定发展提供更加坚实的支撑，为国家粮食安全战略贡献更大的力量。

第二节　生猪期货市场：动态发展与核心特性

一、市场发展现状

生猪期货作为中国首个活体期货合约，自 2021 年 1 月 8 日在大连商品交易所上市以来，便吸引了市场的广泛关注。这一创新金融工具不仅为市场参与者提供了一个公开透明、连续性的价格指标，而且为整个生猪行业带来了多样化的价格风险管理策略。截至 2023 年 5 月底，多个交割月份的生猪期货合约已经成功上市，市场规模逐渐显现，期货与现货价格之间的关联性日益增强，展现出积极的市场活力。

二、市场核心特性

生猪期货市场的发展，体现了中国养猪业在风险管理方面迈出的重要步伐。市场提供的多样化风险管理工具，如套期保值、"保险＋期货"等策略，为养殖企业提供了灵活多样的避险选择。特别是期货公司推出的生猪期货转现货业务，为实体养殖企业提供了更加灵活的现货交易方式，有效规避了传统交易中的信息不对称和渠道限制问题。

此外，生猪期货的上市，与饲料原料玉米和豆粕期货合约形成联动，为饲料成本风险管理提供了更为丰富的工具。"保险＋期货"的创新模式，对中小养殖企业尤其具有重要意义，有效缓解了它们对猪价波动的敏感性。自生猪期货上市以来，众多期货公司如中国建设银行建信期货股份有限公司、先锋期货股份有限公司等，已经成功启动并实施了"保险＋期货"计划，并取得了显著的理赔效果。

三、市场影响与展望

生猪期货自上市至今平稳运行，其与现货价格的逐步走强，不仅反映了市场对生猪供需形势的积极响应，也体现了期货市场对现货价格发现功能的增强。尽管市场对未来猪价表现持谨慎态度，但生猪期货的强劲表现，无疑为行业注入了信心。

随着生猪养殖行业的持续发展和市场环境的变化，生猪期货市场预计将为养猪企业提供更加灵活和可靠的价格风险管理工具。同时，它也将为行业从业者提供更加全面和多样化的生产决策支持，帮助他们在面对市场波动时，能够做出更为科学和合理的选择。

生猪期货市场的建立和发展，不仅是中国期货市场服务实体经济能力提升的重要体现，也是中国养猪业风险管理能力增强的重要标志。未来，随着市场的不断成熟和完善，生猪期货有望在促进行业稳定发展、保障国家粮食安全等方面发挥更加关键的作用。

第三节 生猪期货市场的风险管理与策略优化

一、市场风险剖析

随着中国生猪期货市场的逐步成熟，风险管理与策略优化成为市场参与者关注的核心问题。生猪期货的引入为养殖户、企业以及投资者提供了风险对冲工具，也带来了市场波动和复杂性的新挑战。养殖从业者普遍对期货市场不够熟悉，直接参与交易的能力有限。此外，期货市场要求参与者具备较强的专业知识和风险承受能力，特别是对于中小规模的养殖企业来说，大额合同和保证金交易机制构成了较高的进入门槛。生猪期货的交割环节也存在诸多问题，如交割结算价与现货价格之间的贴水现象，这些给市场参与者带来了额外的不确定性。

二、应对策略与风险控制

面对生猪期货市场的风险，首要任务是提升养殖从业者对期货市场的认知水平。通过加强宣传教育，普及期货的基本概念、交易规则和风险管理方法，使从业者能够根据自身情况选择适合的交易策略。同时，精细化的套保策略是实现风险控制的关键。养殖企业需要深入分析期货与现货之间的基差变化，运用计量分析等方法来实现更精确的套保效果。在交割环节，需要关注和解决交割结算价与现货价格之间的贴水问题。这涉及现货市场的流通性、区域差异、政策限制等多方面因素。交易所应根据市场实际情况，调整升贴水规则，减少交割环节的不确定性。同时，卖方和买方在交割过程中的成本和风险应更加均衡，以降低买方的接货成本和操作复杂度。

三、风险管理能力提升与市场适应能力调整

生猪期货市场的复杂性要求从业人员不仅要具备专业知识，还要有一定的市场经验和应变能力。养殖户、企业和投资者需要通过专业培训，掌握套期保值、资金管理等基本工具和策略，提升其应对市场风险的能力。因此，期货公司、行业协会和金融机构应加强合作，提供专业培训和实践指导，帮助养殖企业提升风险管理能力。此外，养殖企业应加强内部风险控制体系建设，建立健全的风险评估和决策机制，以适应期货市场的特点和规律。

随着生猪期货市场的发展，参与者也要根据市场变化不断调整其交易策略。例如，养殖户可以根据不同季节、市场需求变化，灵活调整其现货与期货头寸的配置比例，优化交易结果。企业和投资者则应密切关注宏观经济环境和行业政策的变化，适时调整其风险对冲策略，确保在市场波动中保持灵活应对的能力。

四、市场教育、行业协同与政策支持

市场教育是确保生猪期货市场健康发展的基础工作。加强市场教育，提高全行业对生猪期货的认识和理解，是实现市场健康发展的基础。通过组织研讨会、培训班等形式，普及期货知识，分享成功案例，促进行业内部的交流与合作，提高市场参与者的风险意识和交易技能，逐步提升市场的专业化水平。

生猪期货市场的健康发展，离不开产业链各方的协同合作，这对于中国养猪业的风险管理具有重要意义。通过提升从业者的专业能力，优化套保策略，加强市场教育，可以更好地发挥生猪期货在风险管理中的作用，为中国养猪业的稳定发展提供更加坚实的支撑。随着市场的不断成熟和完善，生猪期货有望成为养殖企业不可或缺的风险管理工具，为行业的可持续发展贡献更大的力量。

此外，期货市场的发展也离不开政府政策层面的支持和引导，如提供税收优惠、资金扶持等激励措施，鼓励更多的养殖户和企业参与到期货市场中来，充分利用金融工具进行风险管理，确保生猪产业的稳定与可持续发展。

第四节　生猪期货市场未来发展趋势

生猪期货市场作为中国农业衍生品市场的重要组成部分，未来将肩负起更为关键的产业支撑和金融保障角色。随着我国生猪期货市场机制的不断成熟和规则的优化，生猪期货将更加有效地发挥价格发现和风险管理的双重功能，为养殖企业、屠宰加工企业及相关投资者提供可靠的价格参考和规避市场波动风险的工具。期货市场的功能不仅能够帮助市场参与者实现稳定收益，更将促进生猪产业链的透明度和信息流动，推动整个生猪市场向更高效率、更高质量发展。

展望未来，生猪期货市场的发展趋势将紧密围绕专业化、国际化和产业升级三大方向展开。首先，在专业化方面，随着市场参与度的提高和风险管理工具的丰富，生猪期货市场将更好地满足不同规模、不同类型企业的风险对冲需求。尤其是大型养殖企业，未来将逐步建立内部的专业风险管理体系，期货市场也将为中小养殖户提供更加灵活的服务方案，降低其参与门槛，推动全行业的普惠金融和风险管理普及。其次，在国际化层面，生猪期货市场将加强与全球农产品市场的联动，逐步构建国际市场中的"中国定价"体系。随着我国生猪产业的规模扩大和市场话语权的提升，生猪期货价格有望成为国际市场的重要参考指标。通过吸引更多国际资本和跨境交易参与，生猪期货市场将进一步拓展其国际影响力，这不仅能帮助国内企业更好地应对全球市场的波动，也将使中国在全球农业市场中占据更为重要的地位。最后，在推动产业升级方面，生猪期货市场将继续引导生猪养殖向规模化、标准化、现代化发展。通过提供价格信号和风险对冲工具，期货市场为养殖企业制定科学的生产决策提供支持，减少因市场价格剧烈波动带来的损失，进而鼓励养殖企业加大在技术、质量控制和环保方面的投入。通过金融与产业的深度结合，期货市场将为生猪产业的绿色发展和高质量发展提供强劲动力。

总体而言，生猪期货市场在未来的发展将持续助力我国生猪产业的稳健前行，推动产业链各环节的良性互动，为我国农产品市场的进一步成熟打下坚实基础。作为农业金融创新的重要实践，生猪期货市场将不仅为国内生猪产业链构建起风险防护屏障，更有望成为推动中国农业现代化和提升国际竞争力的有力工具。未来，在政策支持、市场机制优化以及国际化进程的驱动下，生猪期货市场必将展现出广阔的发展前景，成为助力我国由农业大国迈向农业强国的重要推动力量。

图书在版编目（CIP）数据

中国生猪期货发展报告 / 张海峰，谢铿铮，王祖力
主编. -- 北京：中国农业出版社，2024. 11. -- ISBN
978 - 7 - 109 - 32828 - 0

Ⅰ. F323.7

中国国家版本馆 CIP 数据核字第 2024TN5537 号

中国生猪期货发展报告

ZHONGGUO SHENGZHU QIHUO FAZHAN BAOGAO

中国农业出版社出版

地址：北京市朝阳区麦子店街 18 号楼

邮编：100125

责任编辑：杨晓改　林维潘

版式设计：王　晨　　责任校对：吴丽婷

印刷：北京中兴印刷有限公司

版次：2024 年 11 月第 1 版

印次：2024 年 11 月北京第 1 次印刷

发行：新华书店北京发行所

开本：700mm×1000mm　1/16

印张：7.5

字数：90 千字

定价：68.00 元